MÉTHODES INSTRUMENTALES

FastTrack™

Traduit de l'anglais par Alexandre Huth

Accords et Gammes pour
Guitare

Pour y accéder, utilisez l'adresse suivante:
www.halleonard.com/mylibrary

"Entrez du texte"
5690-7608-3254-1220

ISBN 978-90-431-0364-0

HAL•LEONARD®

Visit Hal Leonard Online at
www.halleonard.com

Contact Us:
Hal Leonard
7777 West Bluemound Road
Milwaukee, WI 53213
Email: info@halleonard.com

In Europe contact:
Hal Leonard Europe Limited
42 Wigmore Street
Marylebone, London, W1U 2RN
Email: info@halleonardeurope.com

In Australia contact:
Hal Leonard Australia Pty. Ltd.
4 Lentara Court
Cheltenham, Victoria, 3192 Australia
Email: info@halleonard.com.au

INTRODUCTION

Les raisons pour lesquelles vous avez acheté ce livre...

FastTrack™ **Guitare 1** n'a plus de secrets pour vous et vous avez sans doute parcouru FastTrack™ **Guitare 2**. Avant votre tournée mondiale, nous ne saurions trop vous conseiller de mettre ce nouveau volume dans vos bagages.

Ce livre contient cinq points importants :

 L'essentiel de la théorie des accords appliquée à la guitare.

 Un index facile à utiliser répertoriant plus de 1 400 accords de guitare et leurs renversements.

 Les grands principes de la théorie des gammes et des modes.

 Des schémas expliquant la construction de 8 gammes et 7 modes.

 Une 'Jam Session' spéciale qui permet de mettre en pratique les accords et les gammes appris.

> IMPORTANT : Cet ouvrage est un outil de référence (l'équivalent d'un dictionnaire) et ne remplit pas les mêmes fonctions qu'une méthode de guitare. Pour cela, reportez-vous s'il vous plaît à FastTrack™ **Guitare 1** ou **2** (ou faites juste semblant, et nous, de notre côté, on n'en parle plus).

Rappelez-vous que si vos doigts vous font mal, c'est signe qu'il faut prendre une pause. Quelques accords et gammes de ce livre exigent un écartement important des doigts.

Dès que vous serez prêt, accordez-vous, faites craquer vos doigts et apprenez une série d'accords et de gammes...

À PROPOS DU AUDIO

Vous aurez remarqué, et nous en sommes heureux, que ce livre possède un petit plus – pistes audio ! Tous les morceaux de la 'Jam Session' y sont enregistrés, ce qui vous permet non seulement de voir à quoi ils ressemblent, mais surtout de jouer avec l'accompagnement. Reportez-vous au audio chaque fois que vous rencontrerez le symbole suivant : ◆**1**

OÙ TROUVER CE QUE L'ON CHERCHE

SE METTRE DANS LE BAIN DIRECTEMENT

Qu'est-ce qu'un accord ?

Un accord se définit comme un ensemble de trois notes ou plus jouées simultanément. Les accords constituent **l'harmonie** sur laquelle s'appuie la mélodie d'un morceau.

Dans ce livre, nous utiliserons par commodité, en lieu et place de la notation française, la notation internationale pour désigner les accords. Vous trouverez ci-dessous une table de correspondance :

A	B	C	D	E	F	G
La	Si	Do	Ré	Mi	Fa	Sol

La plupart du temps, les accords sont représentés par des **symboles d'accord** qui sont, d'ordinaire, imprimés au-dessus de la portée. Un symbole d'accord est simplement l'abréviation du nom de l'accord. Par exemple, l'accord **fa dièse mineur sept** est désigné par le symbole **F#m7**.

S'organiser...

Le symbole donne deux informations à propos de l'accord, sa **fondamentale** et son **type** :

1. La **fondamentale** est la note qui donne son nom à l'accord. Par exemple, la fondamentale de l'accord C est la note do. (Simple comme bonjour !) Attention, la fondamentale ne se trouve pas nécessairement au bas de l'accord. Vous constaterez la différence en regardant ces deux types d'accord de C :

C majeur avec do en note de basse   C mineur avec sol en note de basse

2. Le **type** de l'accord est indiqué par son **suffixe** ou **chiffrage** (m, 7, sus, maj9). Il existe de nombreux types d'accord, de suffixes et de chiffrages possibles, mais pas de panique. Avec un peu d'entraînement, on les reconnaît facilement. Dans cet ouvrage, tous les accords sont répertoriés selon leur type, il peut donc être utile de conserver à portée de main la liste ci-dessous :

Suffixe/Chiffrage	Type d'Accord	Suffixe/Chiffrage	Type d'Accord
ni suff. ni chiff.	majeur	m7, min7, -7	mineur sept
m, min, -	mineur	m(maj7), m(+7)	mineur, septième majeure
+, aug, (#5)	quinte augmentée	maj7(♭5), maj7(-5)	septième majeure, quinte diminuée
sus4, sus	quarte suspendue	m7(♭5), m7(-5)	mineur sept, quinte diminuée
(add9)	neuf (de neuvième)	+7, 7(#5)	sept, quinte augmentée
m(add9)	mineur neuf	7(♭5), 7(-5)	sept, quinte diminuée
5, (no3)	quinte ('power chord'), sans tierce	7(♭9), 7(-9)	sept, neuvième mineure
6	six (de sixte)	7(#9), 7#9	sept, neuvième augmentée
m6, -6	mineur six	+7(♭9)	sept, quinte augmentée, neuvième mineure
6/9	six, neuvième ajoutée	9	neuvième
m6/9	mineur six, neuvième ajoutée	maj9, M9	septième majeure, neuf
7, dom7	septième (de dominante)	m9, min9	mineur neuf
°7, dim7, dim	septième diminuée	11	onzième
7sus4, 7sus	septième, quarte suspendue	m11, min11	mineur onze
maj7, M7	septième majeure	13	treizième

Evidemment, à un moment ou à un autre, il se peut que vous rencontriez d'autres types d'accord, mais ceux qui apparaissent dans la liste ci-dessus sont les plus courants.

CONSTRUIRE DES ACCORDS
(pas besoin de ciment !)

Les accords se construisent à l'aide de "blocs" qu'il s'agit de superposer les uns au-dessus des autres. En termes musicaux, un bloc s'appelle un **intervalle**. Un intervalle est la distance qui sépare deux notes (quelles qu'elles soient). Voici un aperçu des principaux intervalles si l'on se sert de do comme fondamentale :

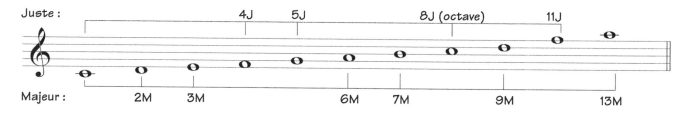

Notez bien que ces intervalles sont divisés en deux groupes : **Majeur (M)** et **Juste (J)**. FACILE À RETENIR : quartes, quintes, octaves et onzièmes sont justes ; tous les autres intervalles sont majeurs.

Tout est relatif...

On trouve des intervalles de toutes les formes et de toutes les tailles, cependant, on en compte que cinq catégories : **majeur, mineur, juste, augmenté** et **diminué**.

Voici les relations qui unissent les différentes catégories :

Un intervalle **majeur** auquel on enlève un demi-ton correspond à un intervalle **mineur**.

Un intervalle **majeur** ou **juste** auquel on ajoute un demi-ton équivaut à un intervalle **augmenté**.

Un intervalle **juste** auquel on enlève un demi-ton équivaut à un intervalle **diminué**.

Le **type** d'un intervalle est déterminé par le nombre de **tons** qui sépare les deux notes.

☞ AIDE-MÉMOIRE : Sur votre guitare (ou sur celle de quelqu'un d'autre), il y a un demi-ton d'écart d'une case à l'autre ; pour un intervalle d'un ton, allez deux cases plus loin que celle sur laquelle vous vous trouvez.

Passez en revue le tableau suivant et familiarisez-vous avec tous les types d'intervalle...

Intervalle	Abréviation	Tons	Notes	Intervalle	Abréviation	Tons	Notes
unisson	unis	aucun		sixte majeure	6M	4 1/2	
seconde mineure	2m	demi-ton		sixte augmentée*	6aug	5	
seconde majeure	2M	un ton		septième mineure*	7m	5	
seconde augmentée*	2aug	1 1/2		septième majeure	7M	5 1/2	
tierce mineure*	3m	1 1/2		octave juste	8J	6	
tierce majeure	3M	2		neuvième mineure	9m	6 1/2	
quarte juste	4J	2 1/2		neuvième majeure	9M	7	
quarte augmentée*	4aug	3		neuvième augmentée	9aug	7 1/2	
quinte diminuée*	5dim	3		onzième juste	11J	8 1/2	
quinte juste	5J	3 1/2		onzième augmentée	11aug	9	
quinte augmentée*	5aug	4		treizième mineure	13m	10 1/2	
sixte mineure*	6m	4		treizième majeure	13M	11	

* N. B. : De même qu'avec les dièses et les bémols, deux noms d'intervalle différents peuvent désigner le même son (par exemple, 4aug et 5dim). Ces notes et intervalles désignant des sons identiques mais portant des noms différents s'appellent des **équivalents enharmoniques**.

Haussons le ton...

Il est très simple de construire des accords : il suffit d'ajouter des intervalles à la fondamentale. Le type d'intervalle utilisé détermine le type d'accord qui résulte de cette opération. Commençons par voir les accords de base, ceux de trois sons, construits à partir de la fondamentale do :

Pour construire un accord **majeur**, on ajoute à la fondamentale une 3M et une 5J.

Les accords **mineurs** se composent de la fondamentale, d'une 3m et d'une 5J.

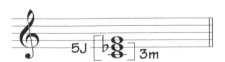

Dès lors que vous vous serez familiarisé avec les principaux types d'accord, il vous sera possible d'en construire des myriades simplement en ajoutant, soustrayant, augmentant ou diminuant des intervalles.

CONSTRUIRE À L'AIDE DE LA GAMME

Les notes d'un accord peuvent également être déterminées en utilisant une **formule** numérique. Il s'agit d'assigner un chiffre aux différents tons de la gamme majeure. Si, par exemple, on se base sur la gamme de do majeur, la formule 1-3b-5 signifie qu'il faut jouer la fondamentale (do), une tierce bémolisée (mib), et la quinte (sol). Wow...! C'est Cm, l'accord de do mineur !

Ci-dessous, un tableau résume la construction de tous les types d'accord présentés dans ce livre (il ne contient que ceux qui sont construits à partir de la gamme de do majeur) :

GAMME DE DO MAJEUR = do-ré-mi-fa-sol-la-si-do   (1 2 3 4 5 6 7 1)

Type d'accord	Formule	Noms des notes	Noms des accord
majeur	1-3-5	do-mi-sol	C
mineur	1-3b-5	do-mib-sol	Cm
quinte augmentée	1-3-♯5	do-mi-sol♯	C+
quarte suspendue	1-4-5	do-fa-sol	Csus4
neuf (de neuvième)	1-3-5-9	do-mi-sol-ré	Cadd9
mineur neuf	1-♭3-5-9	do-mib-sol-ré	Cm(add9)
quinte ('power chord'), sans tierce	1-5	do-sol	C5
six (de sixte)	1-3-5-6	do-mi-sol-la	C6
mineur six	1-♭3-5-6	do-mib-sol-la	Cm6
six, neuvième ajoutée	1-3-5-6-9	do-mi-sol-la-ré	C6/9
mineur six, neuvième ajoutée	1-♭3-5-6-9	do-mib-sol-la-ré	Cm6/9
septième (de dominante)	1-3-5-♭7	do-mi-sol-sib	C7
septième diminuée	1-♭3-♭5-♭♭7	do-mib-solb-sibb	C°7
septième, quarte suspendue	1-4-5-♭7	do-fa-sol-sib	C7sus4
septième majeure	1-3-5-7	do-mi-sol-si	Cmaj7
mineur sept	1-♭3-5-♭7	do-mib-sol-sib	Cm7
mineur, septième majeure	1-♭3-5-7	do-mib-sol-si	Cm(maj7)
septième majeure, quinte diminuée	1-3-♭5-7	do-mi-solb-si	Cmaj7(♭5)
mineur sept, quinte diminuée	1-♭3-♭5-♭7	do-mib-solb-sib	Cm7(♭5)
sept, quinte augmentée	1-3-♯5-♭7	do-mi-sol♯-sib	C+7
sept, quinte diminuée	1-3-♭5-♭7	do-mi-solb-sib	C7(♭5)
sept, neuvième mineure	1-3-5-♭7-♭9	do-mi-sol-sib-réb	C7(♭9)
sept, neuvième augmentée	1-3-5-♭7-♯9	do-mi-sol-sib-ré♯	C7(♯9)
sept, quinte augmentée, neuvième mineure	1-3-♯5-♭7-♭9	do-mi-sol♯-sib-réb	C+7(♭9)
neuvième	1-3-5-♭7-9	do-mi-sol-sib-ré	C9
septième majeure, neuf	1-3-5-7-9	do-mi-sol-si-ré	Cmaj9
mineur neuf	1-♭3-5-♭7-9	do-mib-sol-sib-ré	Cm9
onzième	1-3-5-♭7-9-11	do-mi-sol-sib-ré-fa	C11
mineur onze	1-♭3-5-♭7-9-11	do-mib-sol-sib-ré-fa	Cm11
treizième	1-3-5-♭7-9-11-13	do-mi-sol-sib-ré-fa-la	C13

☞ N.B. : Etant donné que la guitare n'a que six cordes, certaines notes doivent parfois être négligées. À l'occasion, il arrive que d'autres notes soient "doublées" (jouées deux fois). En règle générale, la quinte et la fondamentale sont les deux premières notes à être omises lorsque c'est nécessaire.

CHOISIR LA MEILLEURE POSITION D'ACCORD

Un même accord peut être joué à différents endroits sur le manche de la guitare , il possède plusieurs **positions** différentes. Bien qu'il s'agisse du même accord, l'arrangement des notes qui le composent varie selon la position choisie (ce qui signifie par ailleurs que la position de la main et le doigté changent). Pour chacun des accords, ce livre vous donne à choisir entre **quatre** positions possibles... c'est de bon cœur, ne nous remerciez pas.

Comment se décider ?

Bien qu'en théorie il vous soit possible d'utiliser indifféremment l'une ou l'autre des quatre positions en toute situation, chaque catégorie semble posséder une fonction propre. L'endroit où l'accord se situe sur le manche, la difficulté du doigté, le nombre de cordes à faire sonner, le style musical recherché sont autant de facteurs qui déterminent le choix d'une position d'accord. Voici comment les quatre catégories de position ont été établies et les raisons en fonction desquelles on privilégiera telle ou telle position :

Position d'accord #1

Le diagramme d'accord qui apparaît en premier montre la **position haute**, la plus courante et la plus appropriée lorsqu'il s'agit de gratter une rythmique sans fournir trop d'efforts.

Position d'accord #2

Ce diagramme vous propose toujours une position pratique et "passe-partout", applicable dans n'importe quel arrangement musical.

Position d'accord #3

Là également, vous trouverez une position efficace en toutes circonstances. Cependant, il s'agit souvent d'une **forme incomplète**, ce qui signifie que l'accord contient une note de basse sur une corde grave et deux ou trois notes sur les cordes aiguës tandis qu'au moins une des cordes "intermédiaires" ne sonne pas. Cette position fonctionne bien dans les styles jazz et blues où l'on s'en sert comme accompagnement.

☞ N. B. : Toutes les positions d'accord #3 ne se présentent pas sous la forme d'accords incomplets. Pour ceux qui le sont effectivement, pincez les cordes avec vos doigts plutôt que d'utiliser un médiator et trouvez un son s'approchant de celui d'un piano. Prenez garde à bien "étouffer" les cordes qui ne doivent pas sonner.

Position d'accord #4

Dans cette catégorie, on trouve les positions **fermées** (ou **positions d'accord partiel**). Elles se jouent souvent en haut du manche et conviennent parfaitement aux styles jazz, blues et rock. Du fait de l'absence de note de basse sur les cordes graves, ces positions produisent un son plus fin, moins rond, ce qui n'est pas nécessairement mauvais, surtout lorsque l'on joue avec un autre guitariste ou lorsque la partie de guitare agit en tant que complément à la ligne de basse.

C'est déjà pas mal !

Ne vous laissez pas submerger par toutes ces considérations théoriques. Cherchez les accords dont vous avez besoin et apprenez à les jouer. Ou, que diable, inventez vos propres accords et s'ils sonnent bien, jouez-les ! Si, comme ce sera certainement le cas, vous rencontrez des accords qui ne sont pas répertoriés dans ce livre, il vous faudra soit reconstruire l'accord à l'aide des intervalles dont les noms apparaissent dans le suffixe et le chiffrage, soit le rapporter par réduction à un accord plus courant de septième ou de neuvième.

Juste au cas où...

Voici un aide-mémoire concernant la manière dont il faut interpréter les nouvelles indications qui figurent sur les diagrammes d'accord de ce livre :

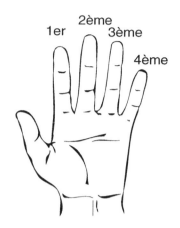

Imaginez les doigts de votre main gauche comme étant numérotés de 1 à 4.

Un **X** au-dessus de la grille vous indique qu'il faut éviter de gratter cette corde.

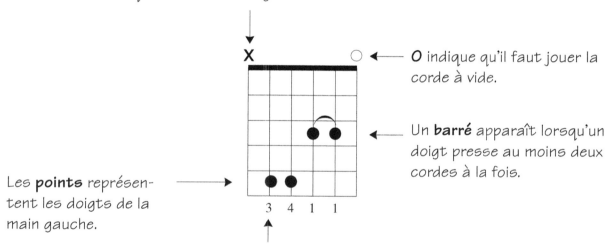

O indique qu'il faut jouer la corde à vide.

Un **barré** apparaît lorsqu'un doigt presse au moins deux cordes à la fois.

Les **points** représentent les doigts de la main gauche.

Un **chiffre** en-dessous d'une corde précise quel doigt appuie sur cette corde.

N. B. : Sur certains diagrammes d'accord, il se peut que vous trouviez un **numéro de frette** ("5fr") en haut à droite de la première case. Déplacez votre main sur le manche jusqu'à la case appropriée, prenez le bon doigté et jouez l'accord. En l'absence d'une telle indication (quand le diagramme comporte une bande noire plus épaisse représentant le **sillet**), votre main doit être positionnée près de la première case.

ACCORDS

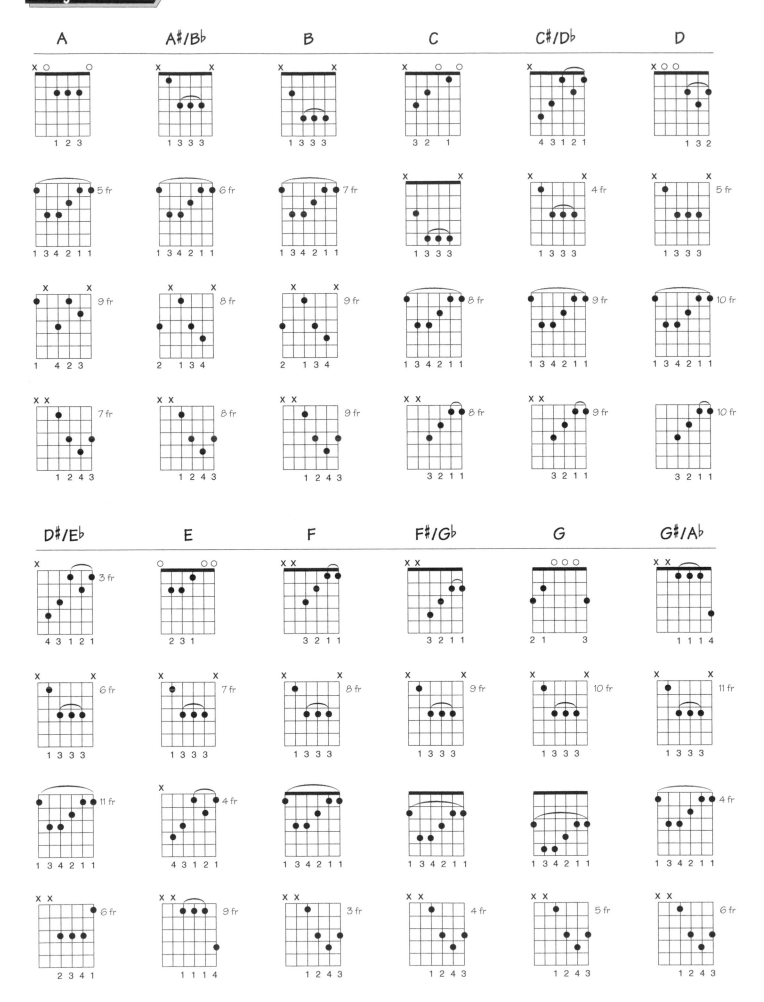

Mineur

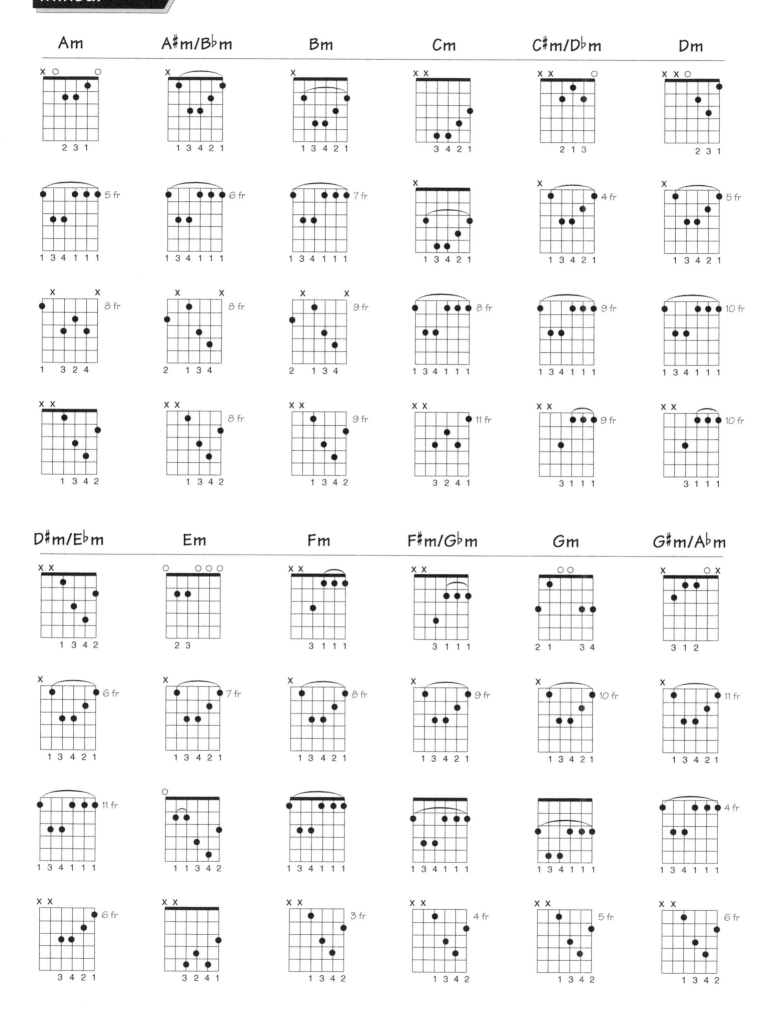

Quinte Augmentée

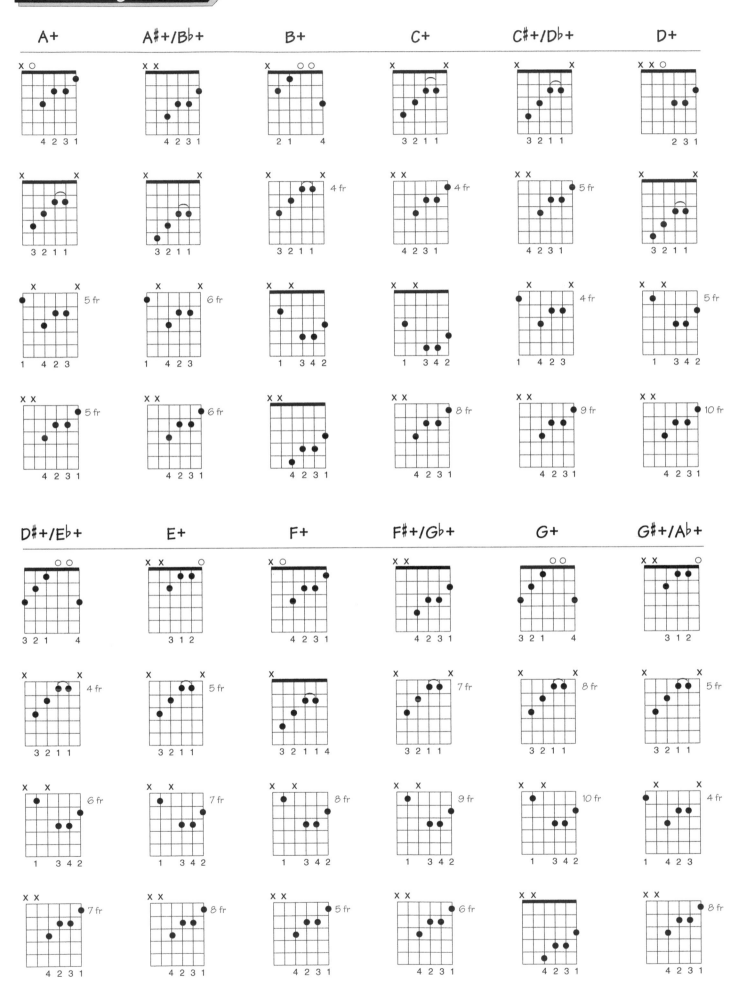

Quarte Suspendue

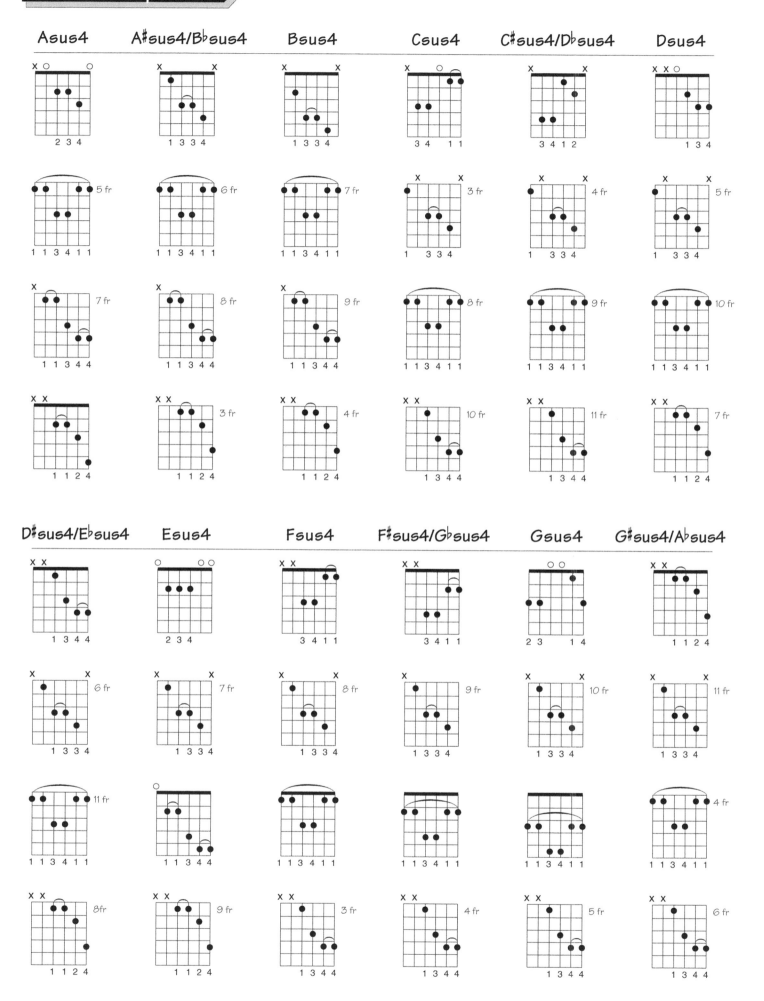

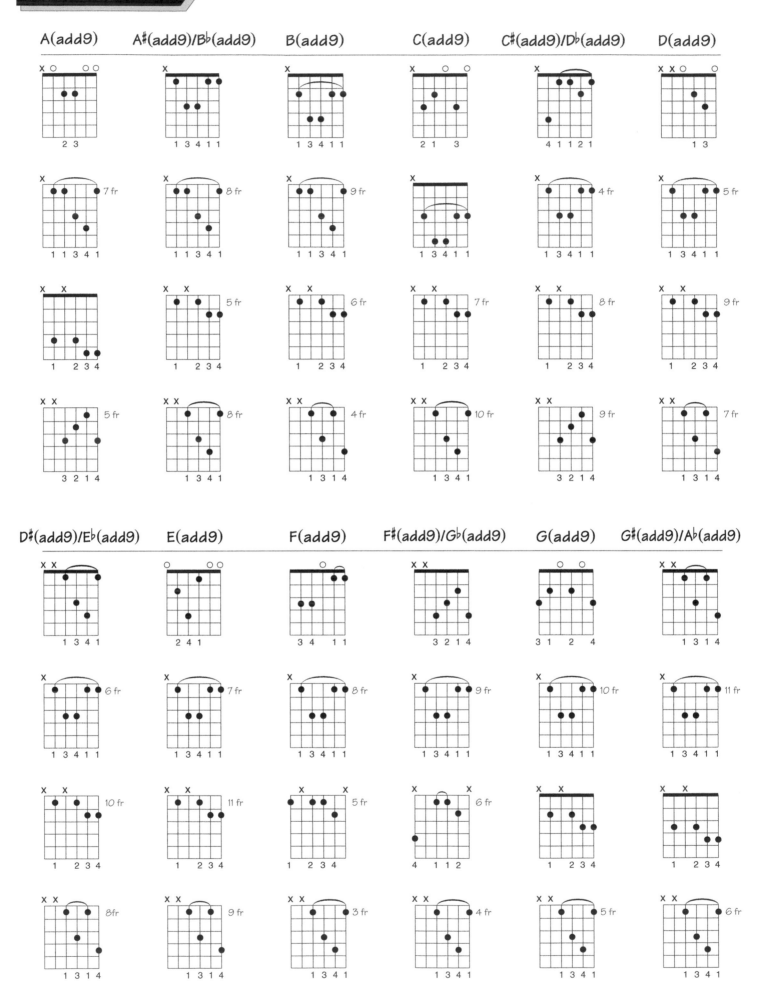

Mineur Neuf

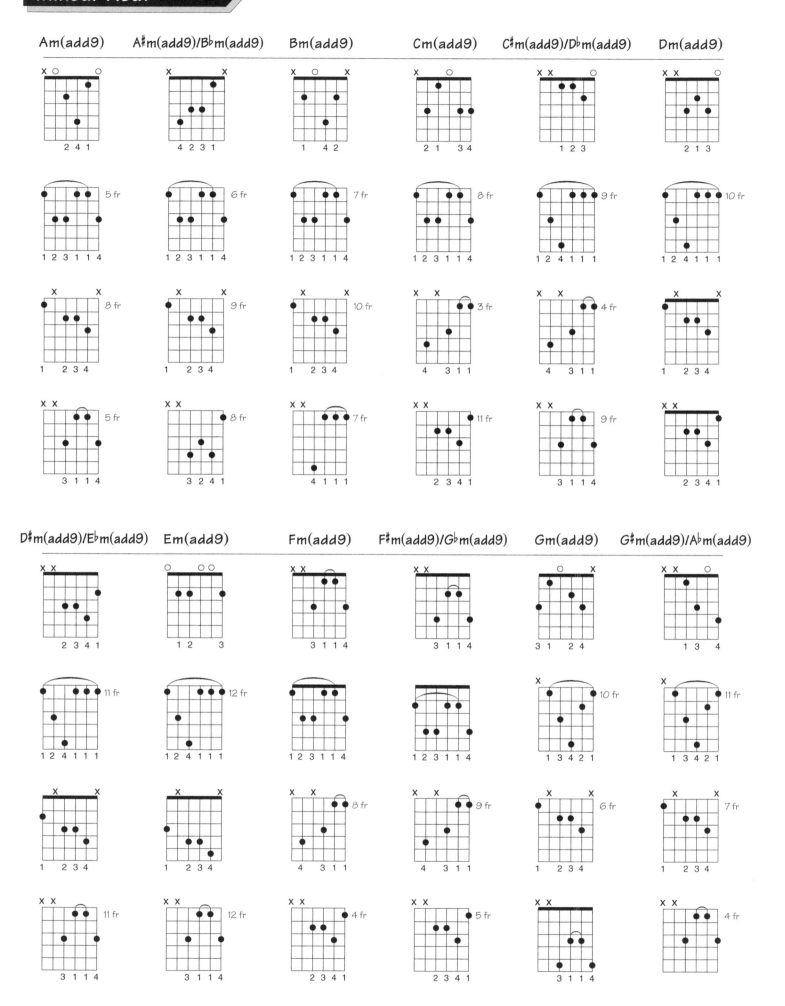

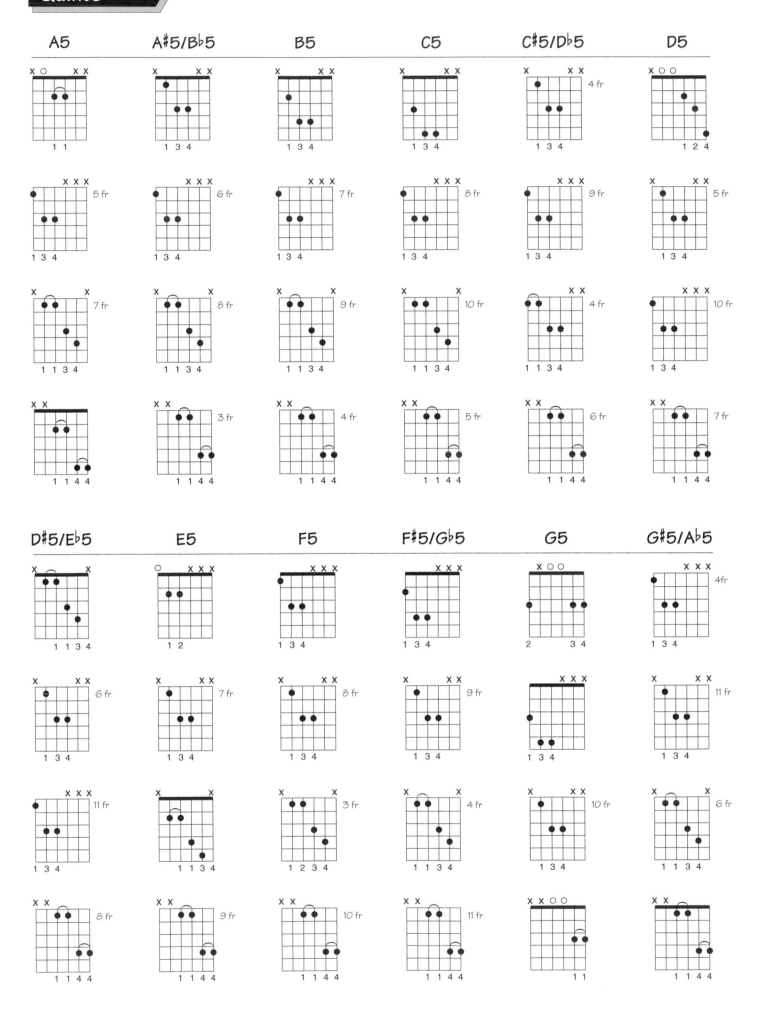

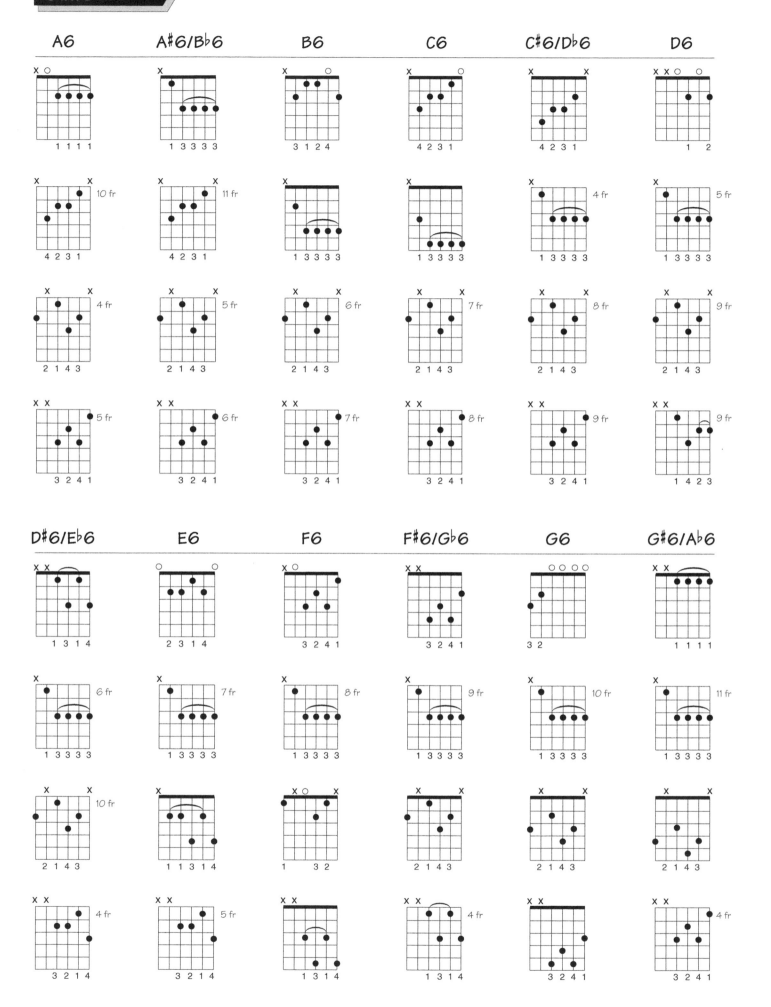

Mineur Six

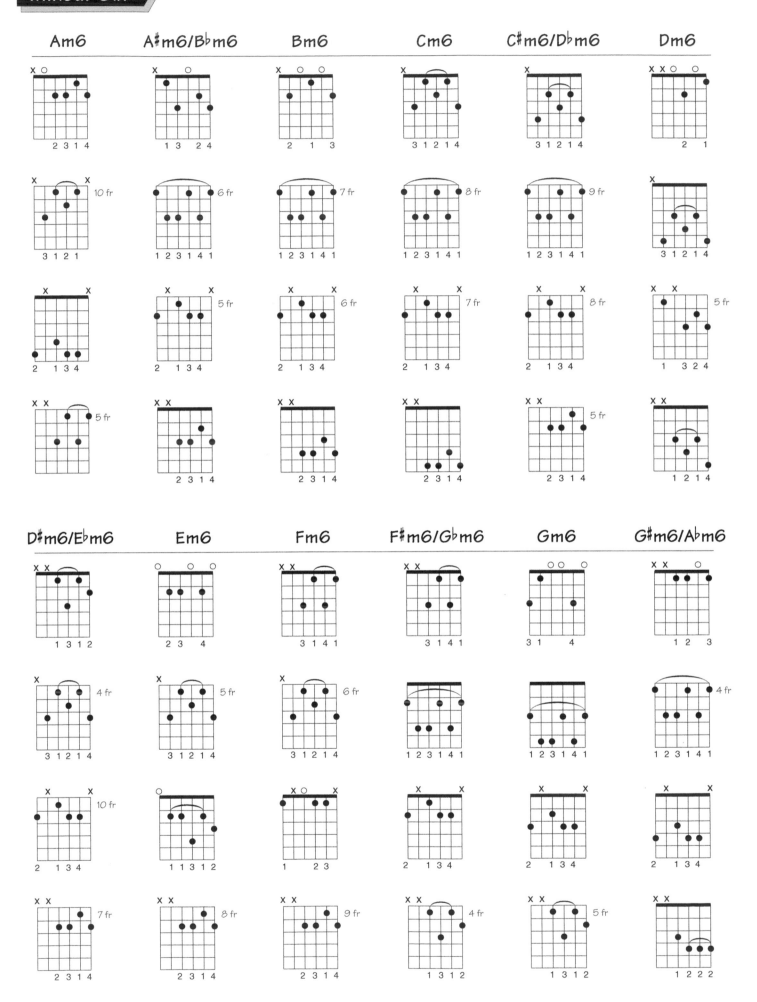

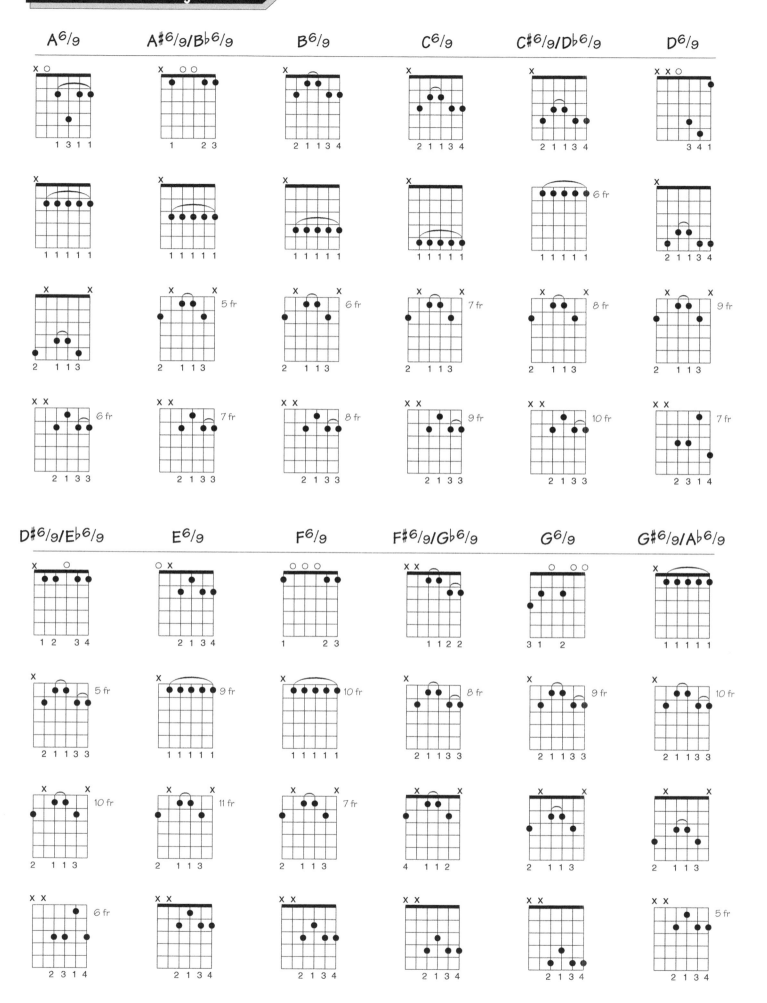

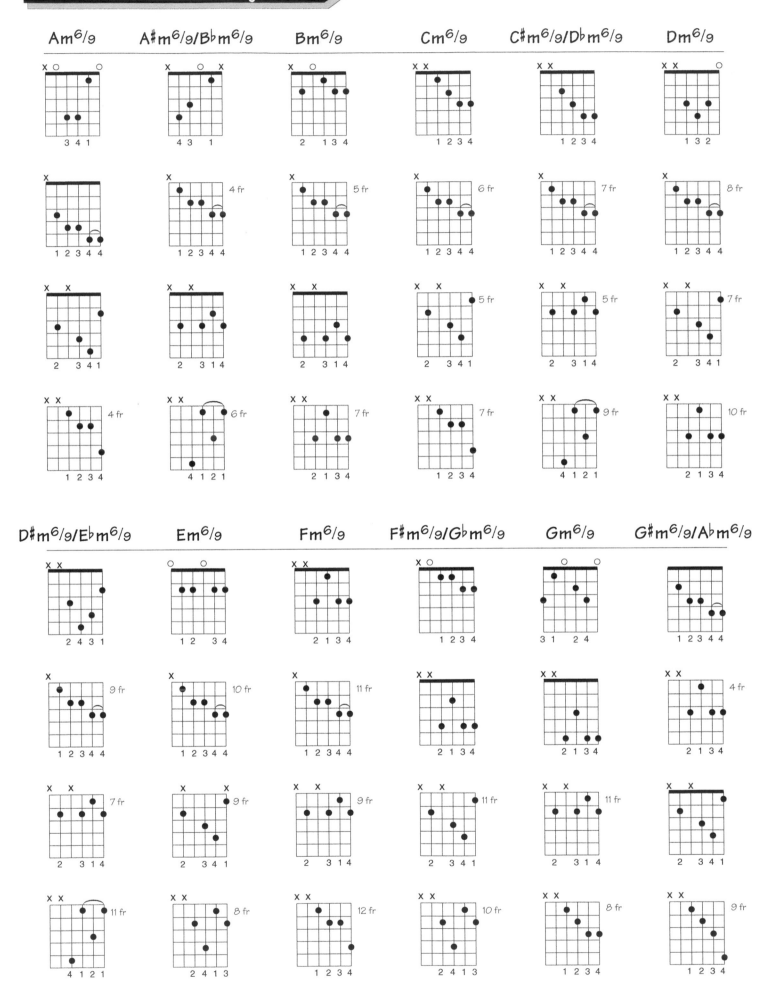

Septième (de Dominante)

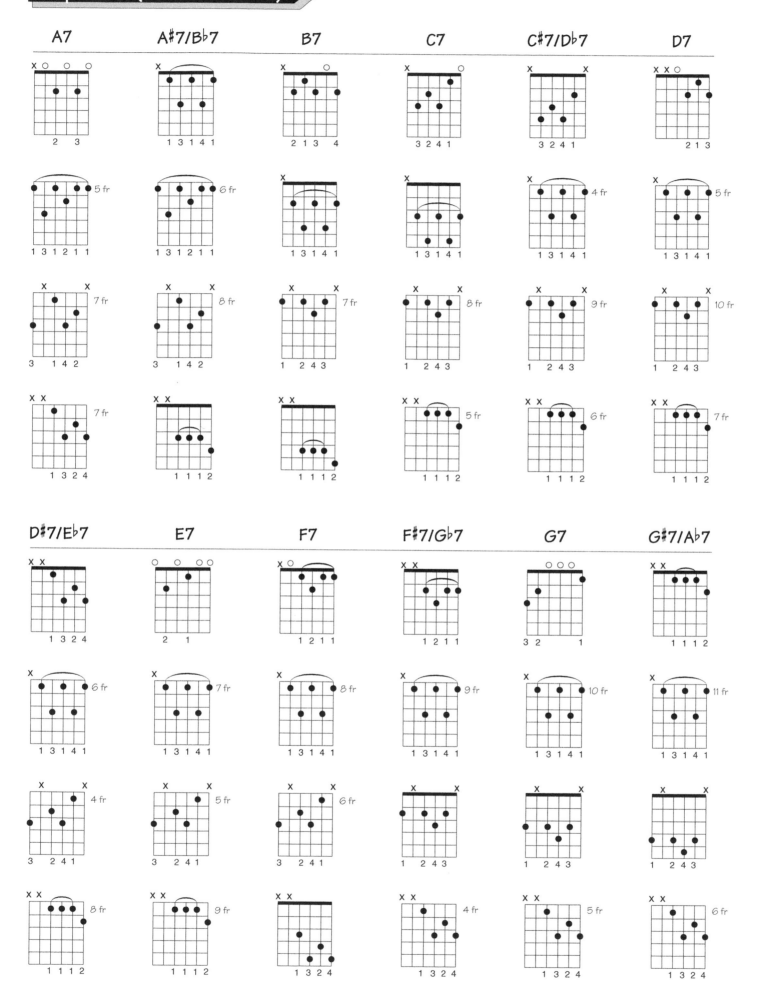

Septième Diminuée

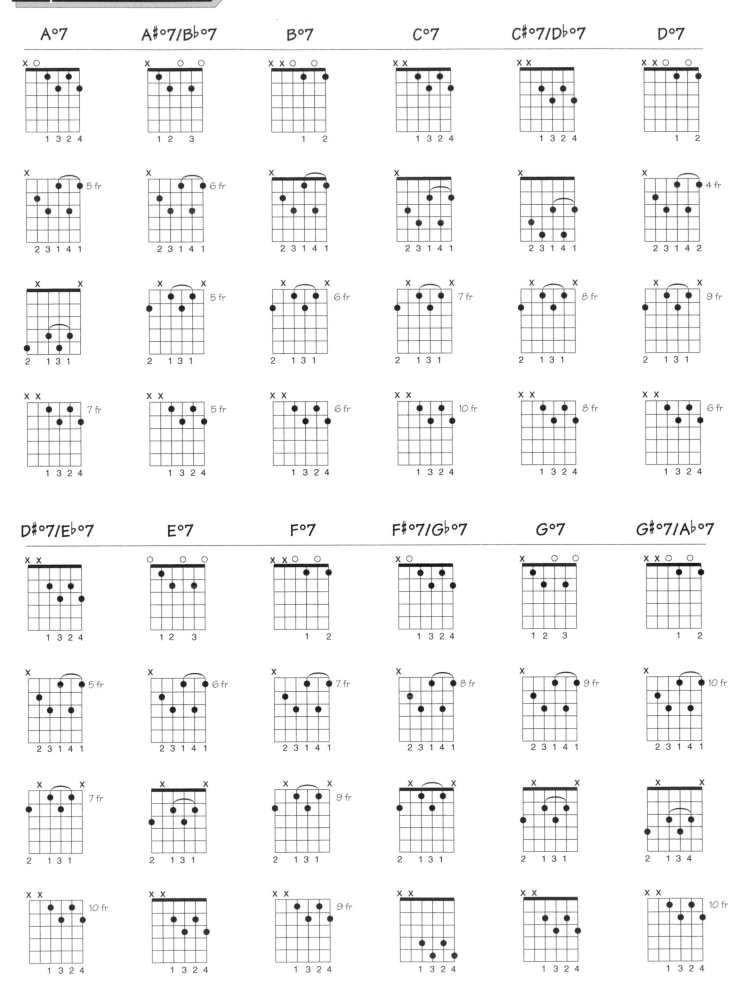

Septième, Quarte Suspendue

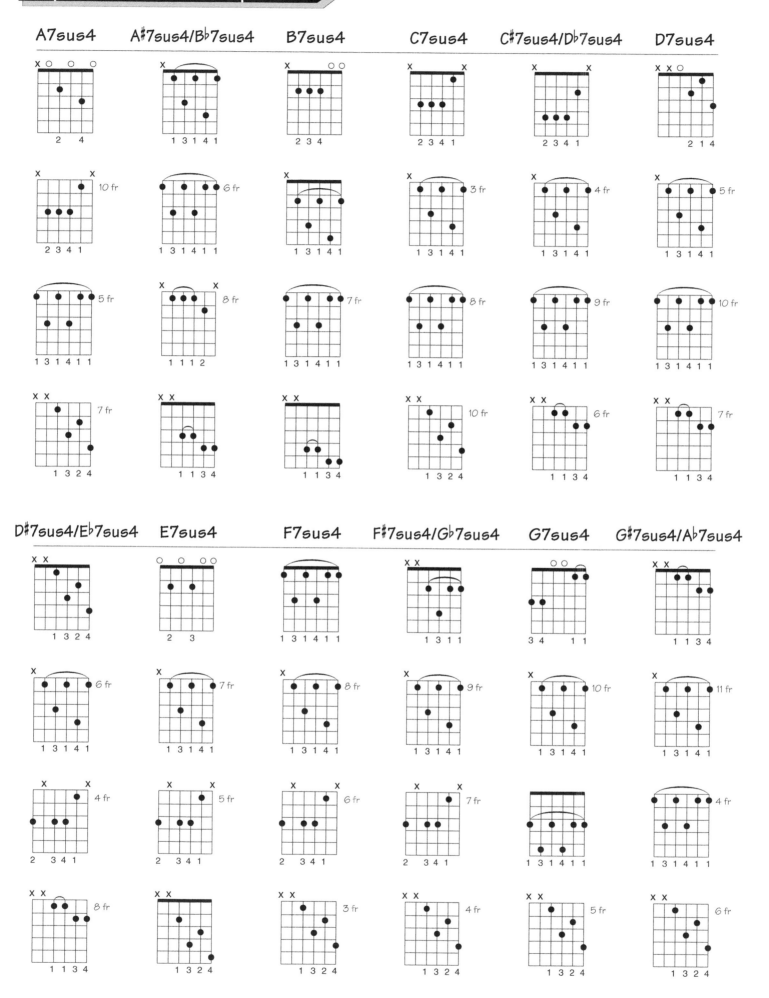

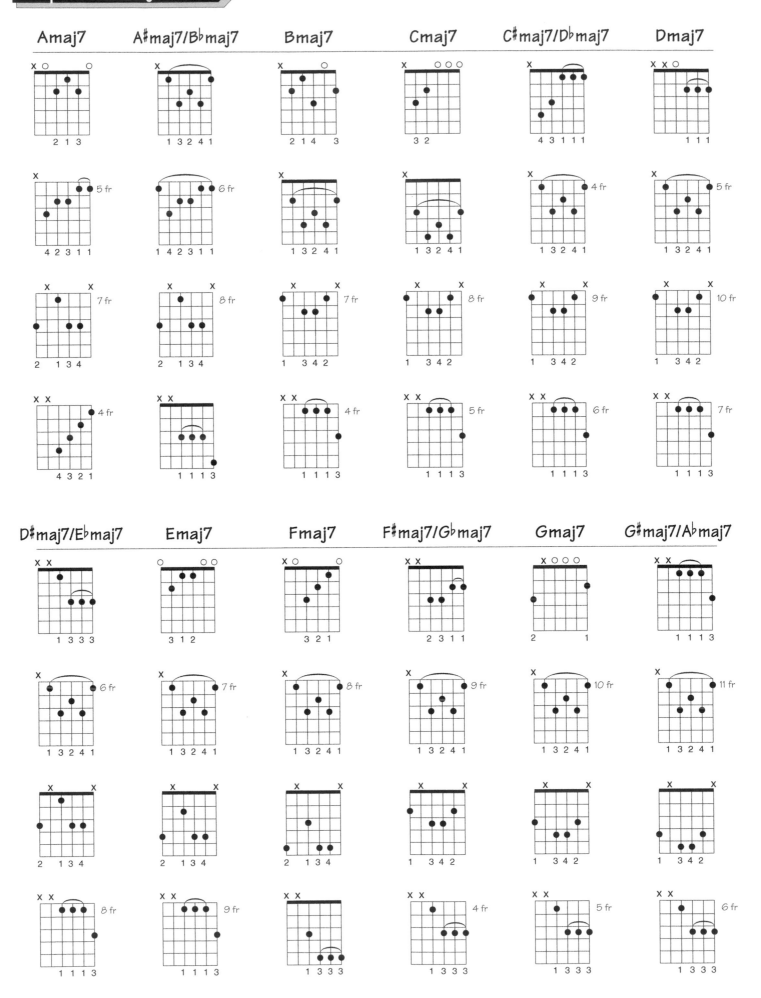

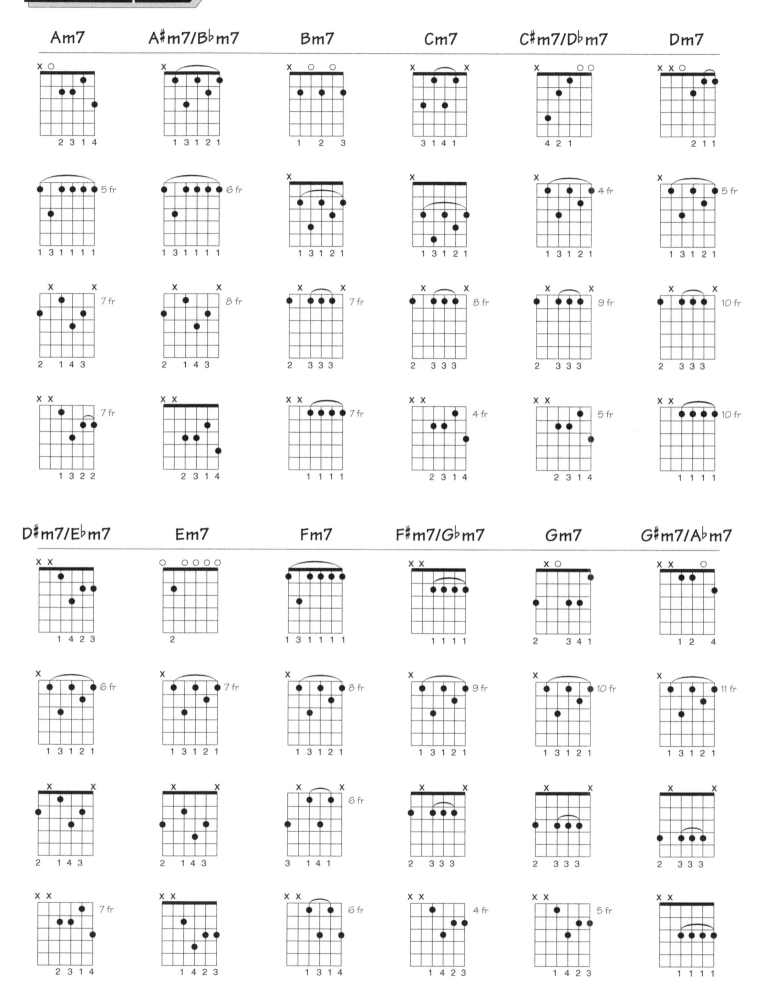

Mineur, Septième Majeure

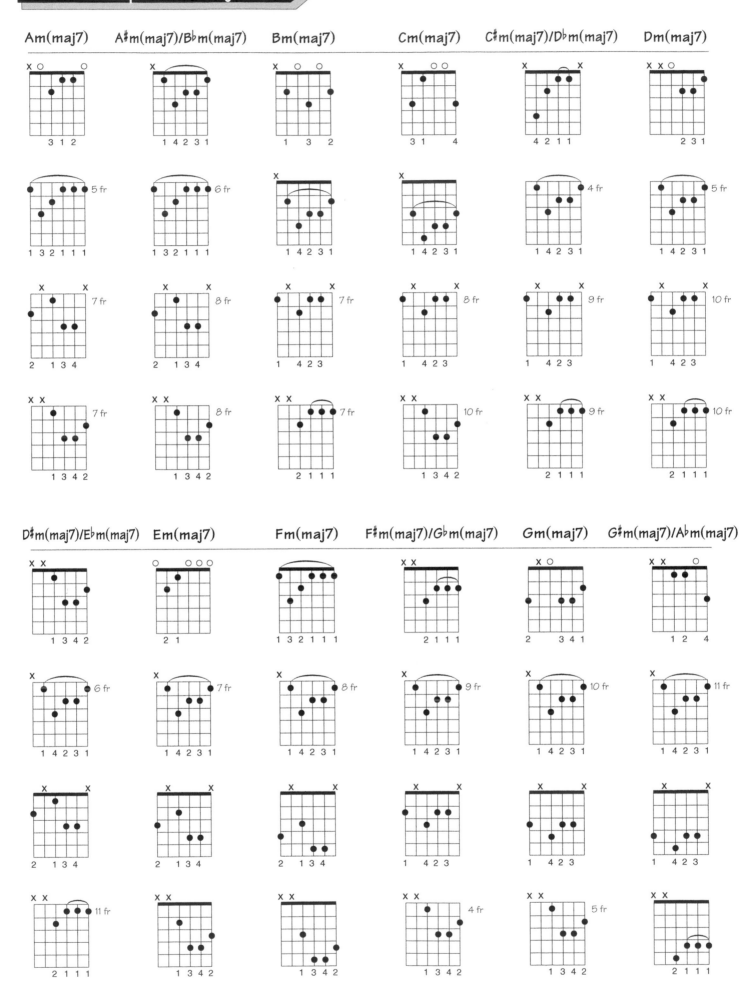

Septième Majeure, Quinte Diminuée

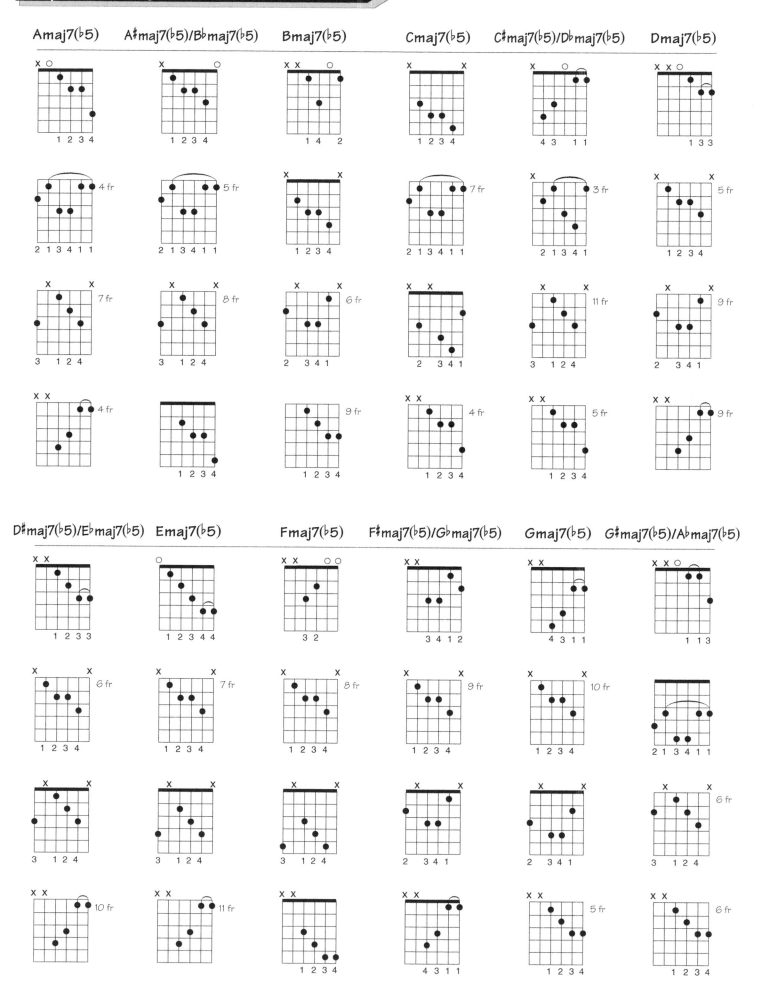

Mineur Sept, Quinte Diminuée

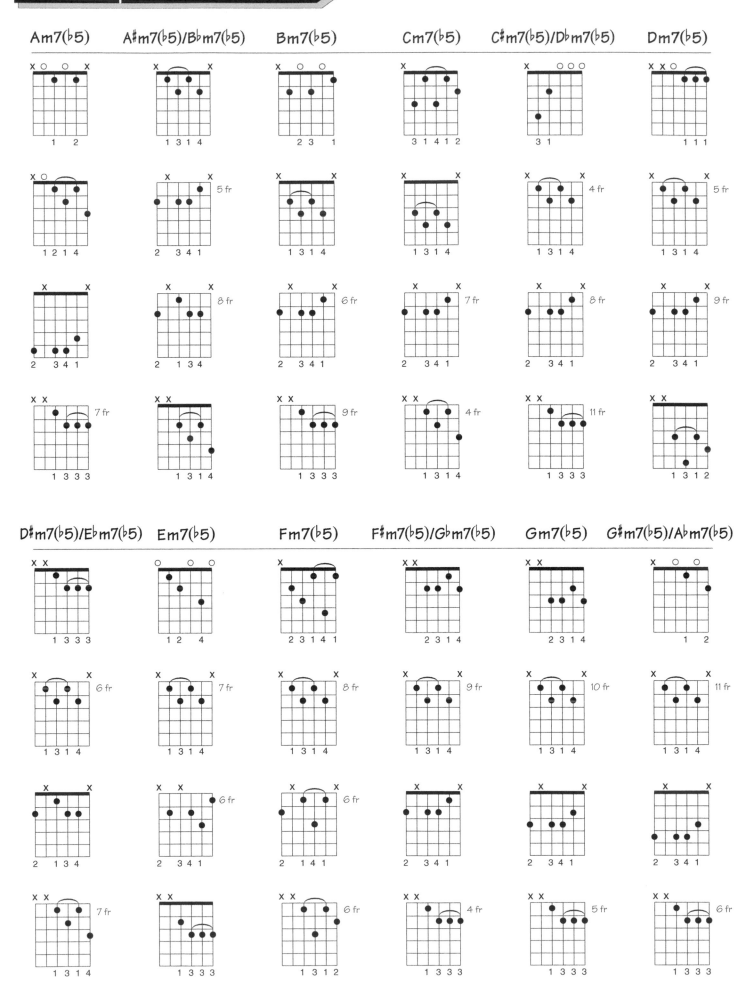

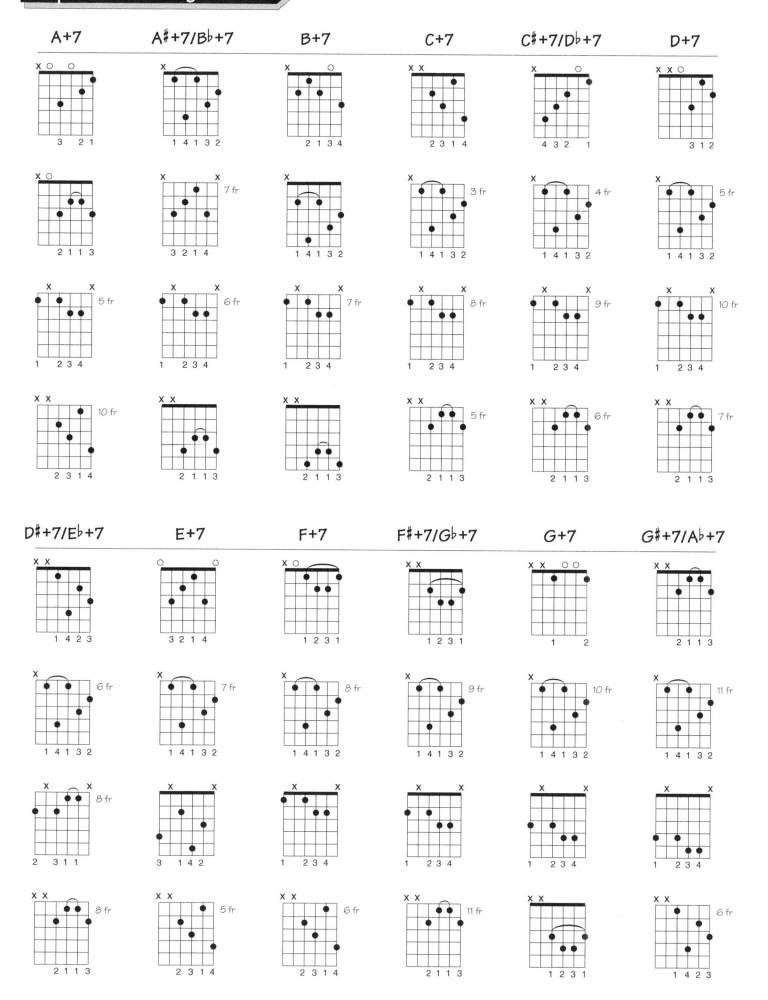

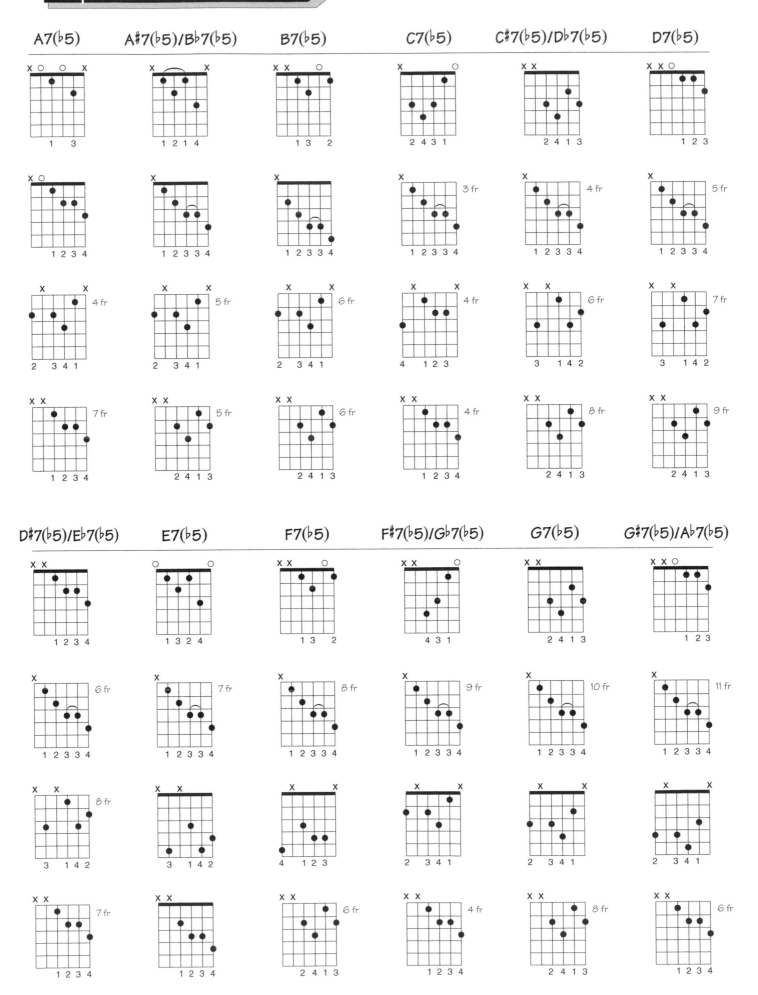

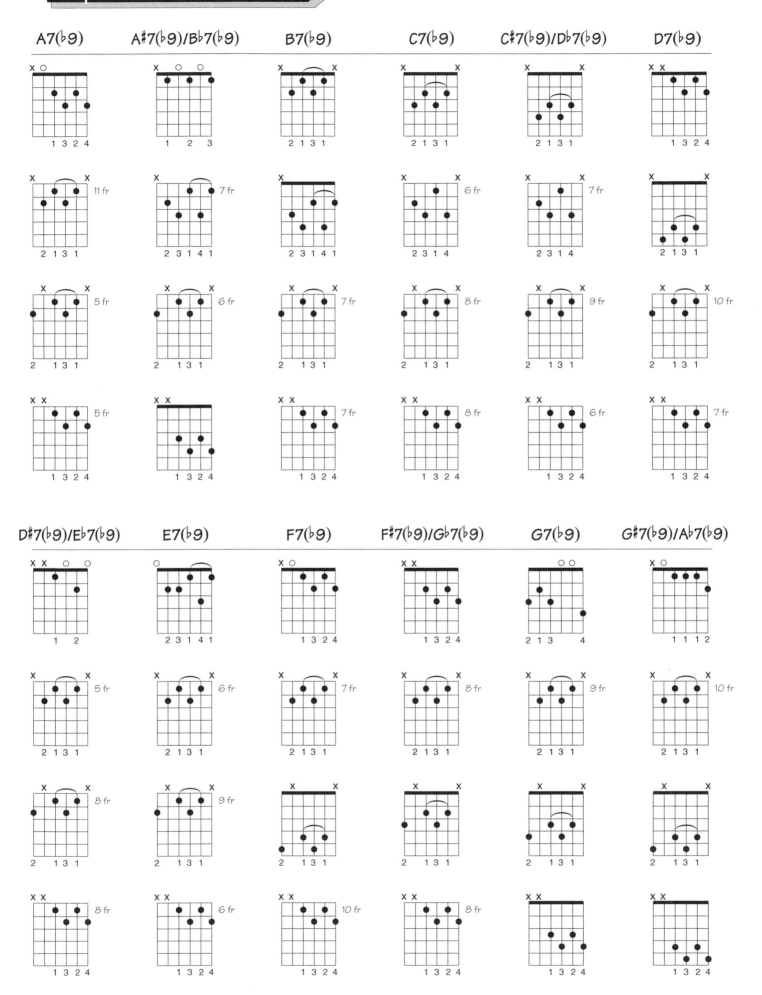

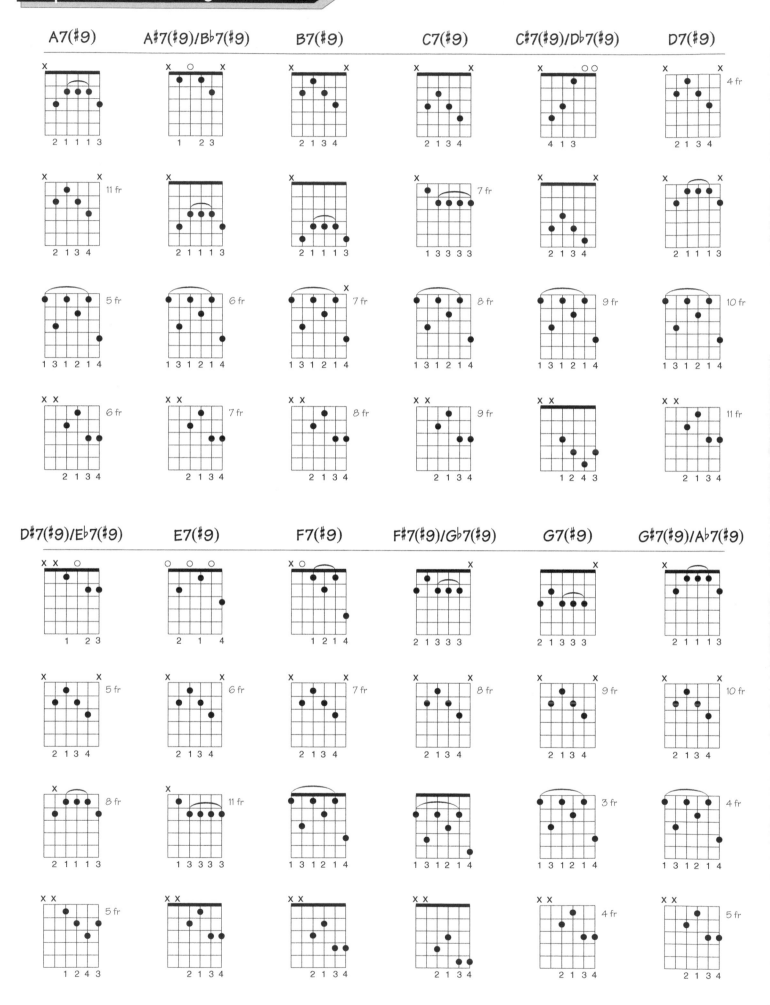

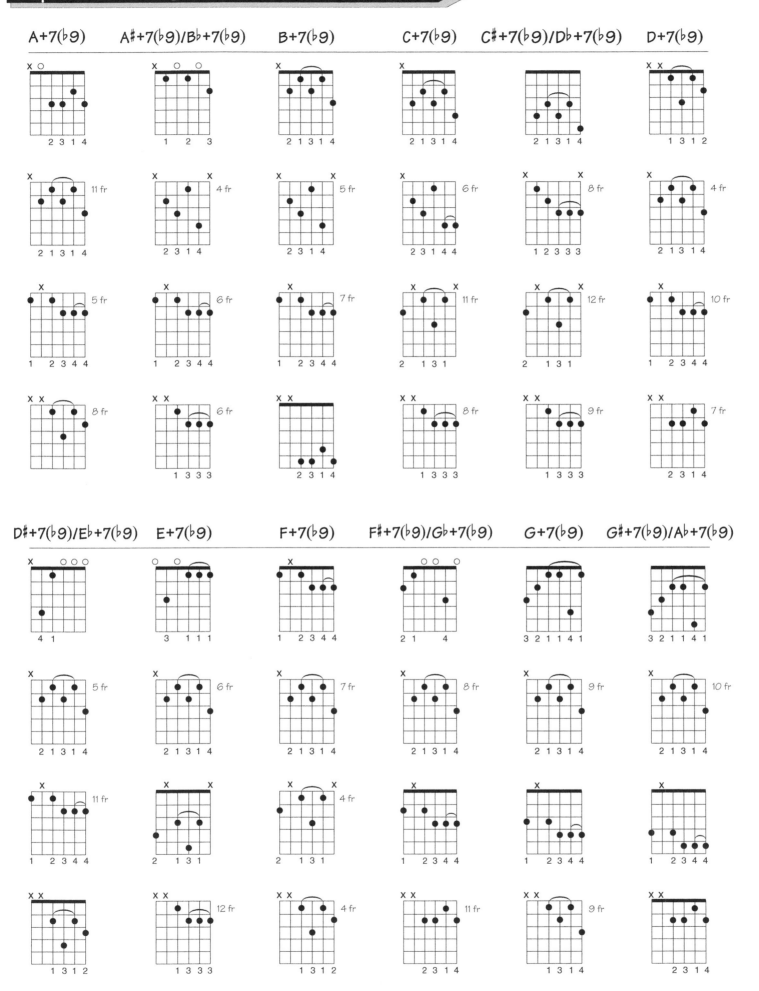

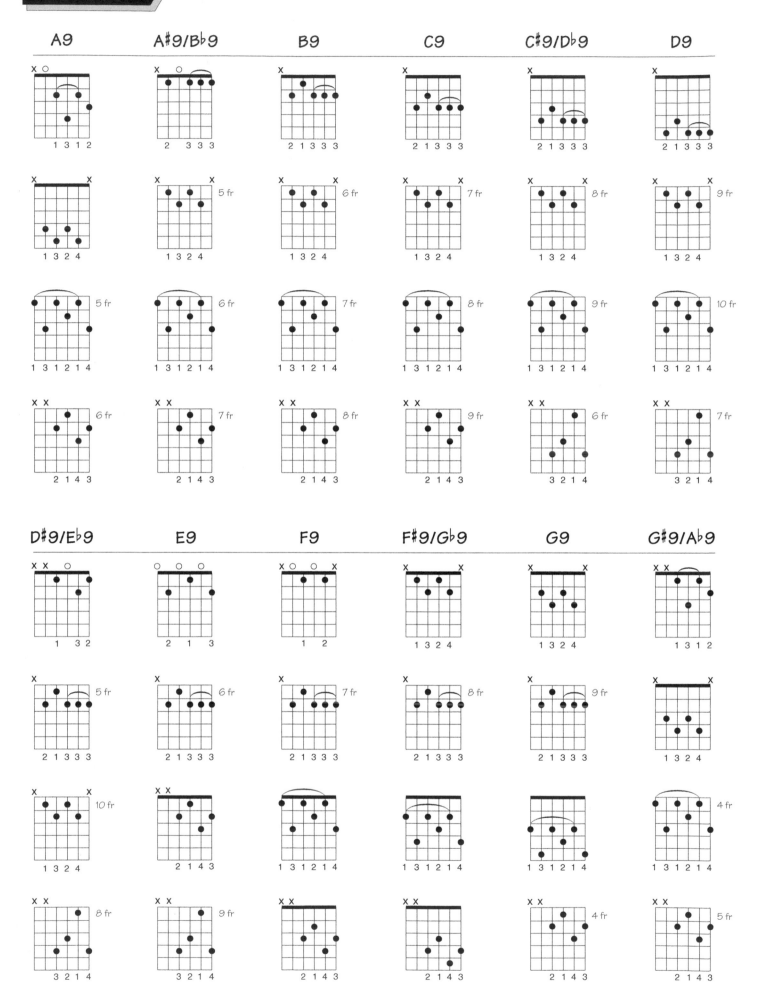

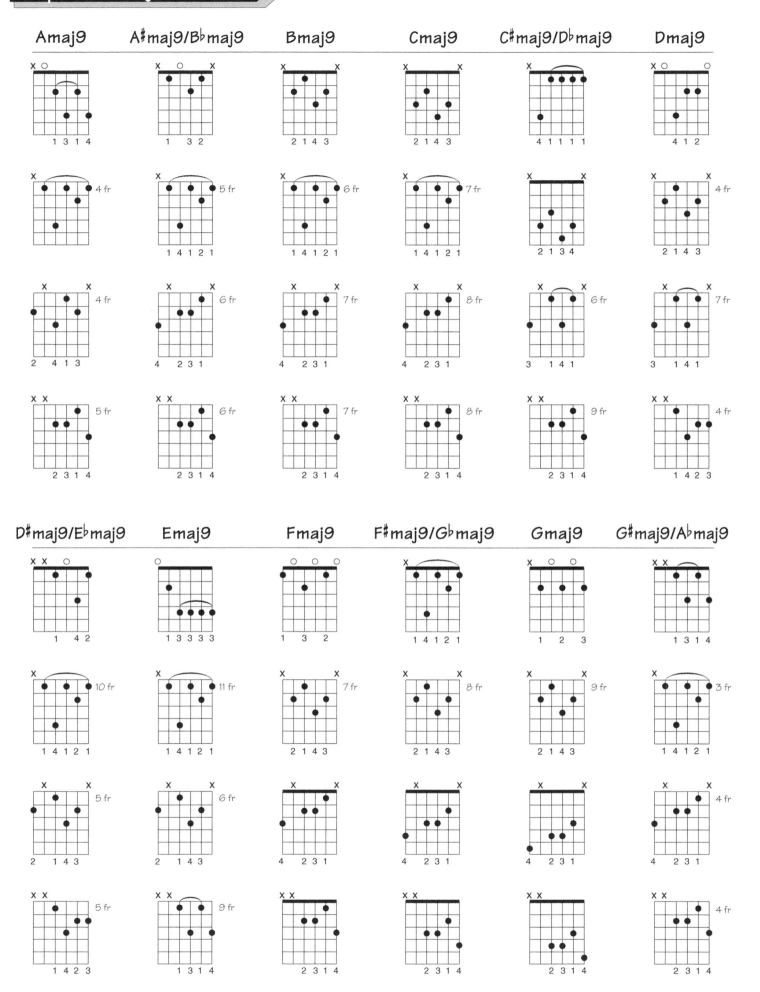

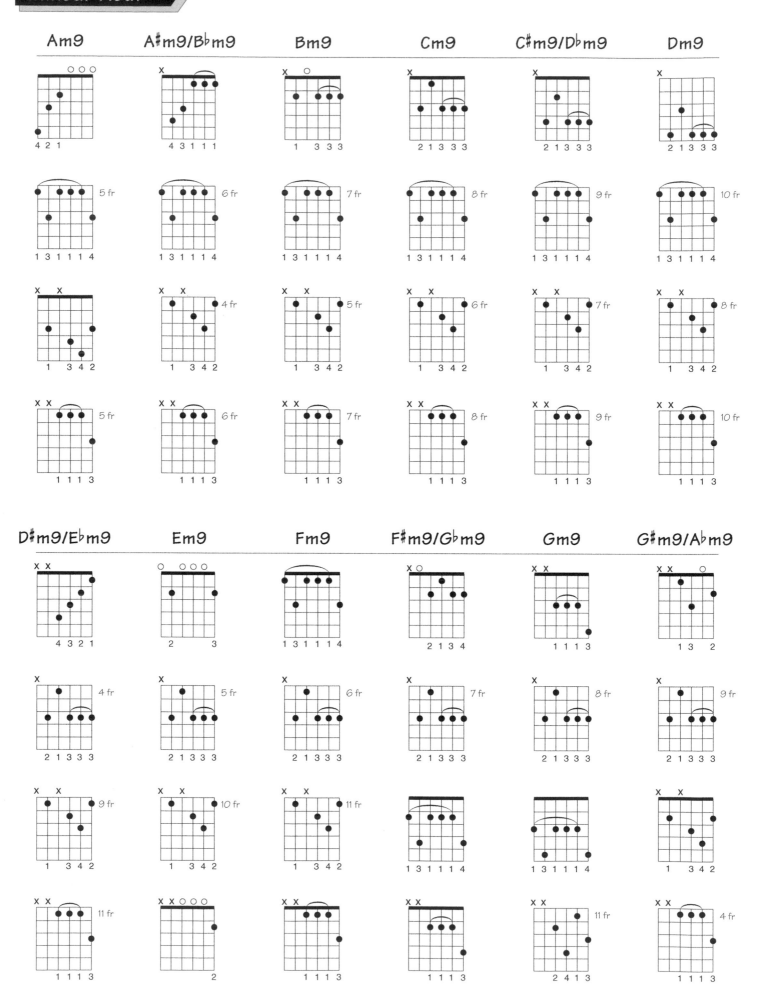

Onzième

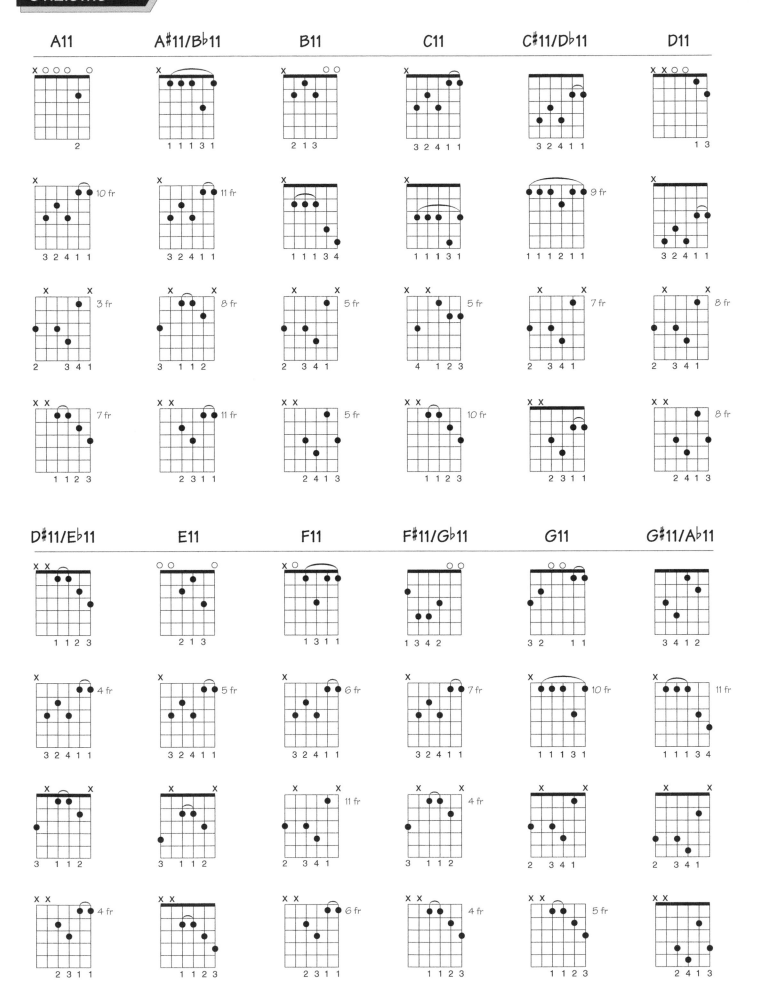

Mineur Onze

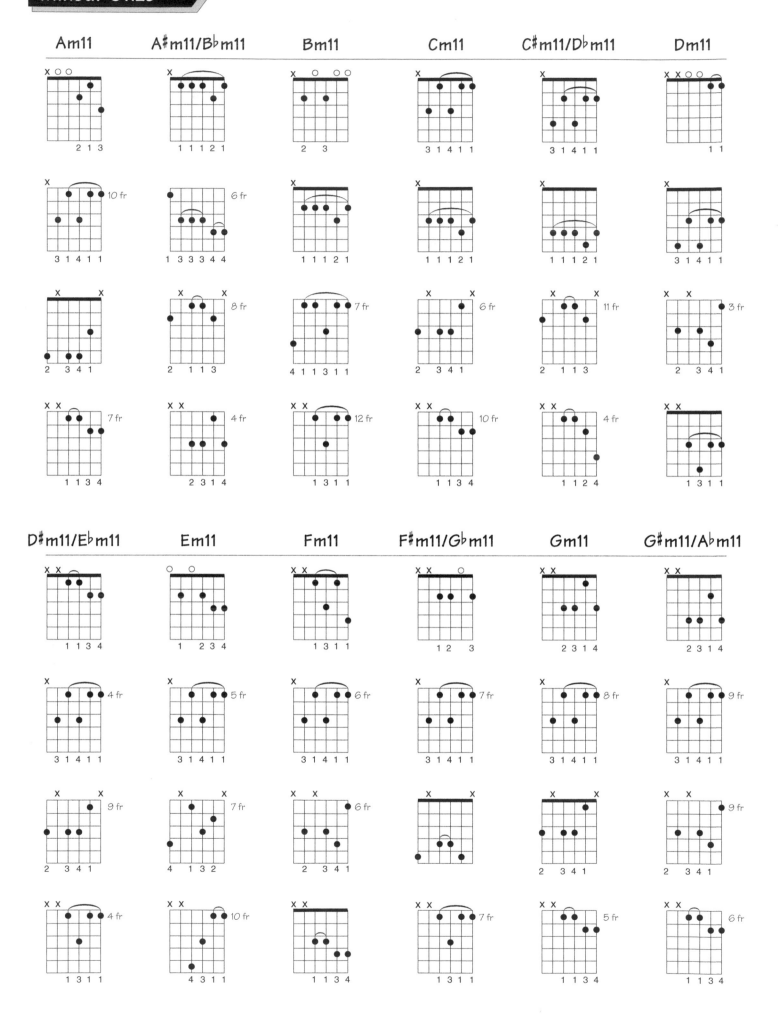

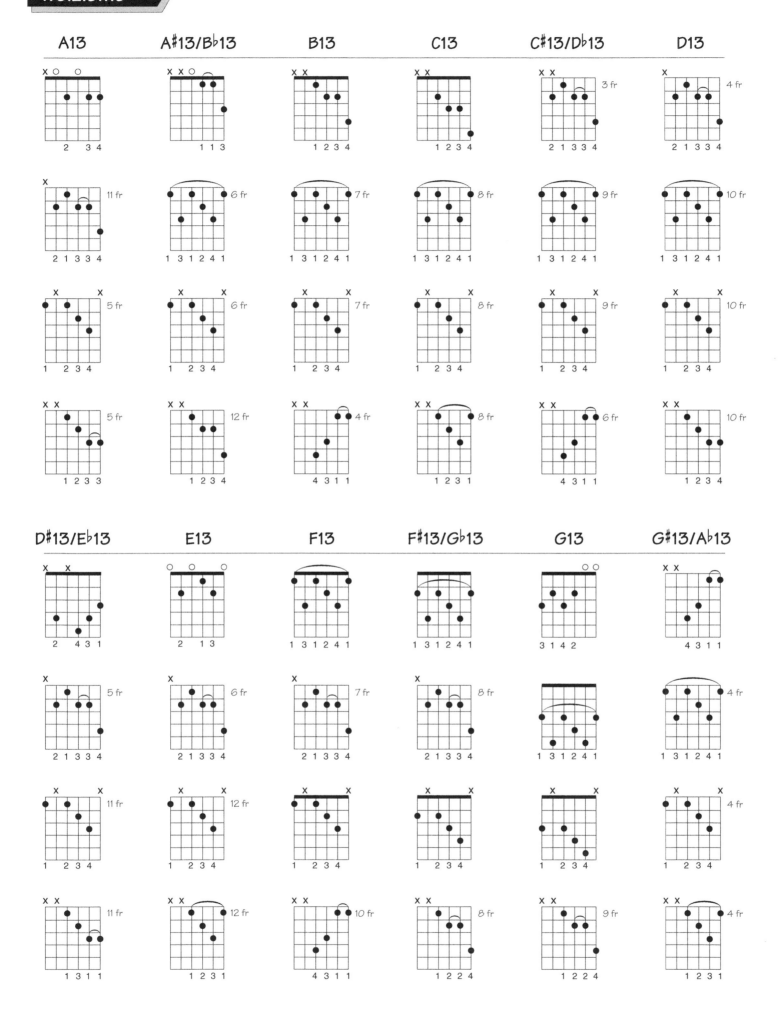

GAMMES

LES GAMMES

Gamme (de la lettre grecque gamma, choisie au XIème siècle pour désigner la première note de la gamme) : une succession de notes disposées selon un ordre spécifique.

Il est primordial de connaître les gammes, surtout lorsque l'on doit jouer un solo. Ce chapitre est un outil de référence pratique élaboré afin que vous puissiez, sur votre guitare, construire, placer et jouer toutes les gammes principales. Parvenu à la fin de ce chapitre, vous utiliserez les gammes pour improviser sur la "Jam Session" audio.

Les Ingrédients Essentiels...

Nous vous présentons ici trois manières de construire (on pourrait dire "épeler") chaque gamme :

1. Construction par Tons   (ex. 1—1/2—1—1—1/2—1+1/2—1)

Cette méthode de construction vous indique de combien de tons il faut monter pour passer d'une note de la gamme à la suivante. On utilise le chiffre 1 pour désigner le ton complet, la fraction 1/2 pour représenter le demi-ton et l'addition 1+1/2 pour indiquer qu'il faut monter d'un ton et demi. Partez de n'importe quelle note et gravissez les échelons en respectant les écarts.

Voici un exemple d'application, sachant que la fondamentale est le la :

ordre des tons et des demi-tons	= 1 – 1 – 1/2 – 1 – 1 – 1 – 1/2
résultat	= la-si-do#-ré-mi-fa#-sol#-la

2. Construction par Degrés   (ex. 1-2-3♭-4-5-6♭-7♭-8)

Les chiffres correspondent aux différents degrés c'est-à-dire à chacune des notes d'une gamme majeure, auxquels il faut simplement appliquer les altérations, dièses et/ou bémols, indiquées. Essayez avec celle-ci pour voir...

gamme de la majeur	=	la-si-do#-ré-mi-fa#-sol#-la
construction par degrés	=	1 -2 -3♭ -4 -5 -6♭ -7♭ -8
résultat	=	la-si -do- ré -mi- fa -sol -la

☞   IMPORTANT : Ces constructions par degrés ont toujours comme point de départ la **gamme majeure** (ce qui inclut tous ses dièses ou bémols), et non pas simplement les noms des notes. En d'autres termes, 3 pour la gamme de mi majeur est en fait un sol# (pas un sol). Ainsi, dans le cas où la construction réclame une 3♭, il faut jouer sol (un demi-ton en dessous de sol#) et non sol♭.

3. Construction d'après les Noms des Notes   (ex. la-si-do-ré-mi-fa-sol-la)

Nous n'avons pas la place de développer ici toutes les gammes qu'il est possible de construire à partir des 12 fondamentales (en réalité, 17, si l'on compte les équivalents enharmoniques). Les noms de note que vous allez trouver dépendent de la note fondamentale utilisée. Il en découle qu'une gamme construite à partir d'une fondamentale différente consistera en une autre liste de noms de note.

S'organiser...

Dans ce livre, vous aurez le choix, pour chaque gamme, entre plusieurs positions sur le manche. Utilisez celle qui vous paraît la plus confortable. (Ou, que diable, apprenez-les toutes par cœur !)

Progression sur 4 Cases

Le plus souvent, le doigté de cet enchaînement respecte la règle 'un doigt par case' qui consiste à maintenir la position à l'intérieur de quatre cases déterminées. Cependant, dans certains cas, il vous faudra aller chercher une note une case plus haut ou plus bas que cette position de base. (De grâce, évitez de vous blesser !)

Pour chaque gamme, deux modèles de progression sont indiqués : l'un ayant sa fondamentale sur la sixième corde, l'autre sur la cinquième. (Tournez la page si vous souhaitez en savoir plus sur les **transpositions**.)

Système des Trois Notes Par Corde

Dans ces schémas de gamme, l'extension des doigts est plus importante. Par contre, en général, cette progression couvre bien deux octaves et demie. Deux doigtés transposables sont indiqués pour chaque gamme ; une fois encore, la fondamentale de l'un se trouve sur la sixième corde, celle de l'autre sur la cinquième.

Système Horizontal

Selon la gamme, celle-ci prend la forme soit d'une gamme dite en "glissé" (ou en "diagonale"), soit d'un motif de 'quatre notes par corde'. Avec ce système, les doigtés peuvent s'étendre jusqu'à 16 cases (Aïe !), mais cela s'avère très pratique lorsqu'il s'agit de relier deux parties du manche éloignées l'une de l'autre ou de se déplacer d'une position à une autre avec un jeu fluide et ininterrompu.

Tout comme pour les **progressions sur quatre cases** et le **système des trois notes par corde**, deux schémas transposables illustrent chaque gamme dans ce système **horizontal**.

Soyez coordonné !

Le travail des gammes nécessite que les deux mains soient parfaitement synchrones. Faites sonner chaque note avec clarté et précision en prenant garde à ce que le médiator et le doigt de la main gauche attaquent la note exactement au même moment. Assurez-vous d'utiliser le médiator exclusivement en **alternance** (l'attaque est faite de coups vers le bas et vers le haut successivement) afin de ménager les muscles de la main droite.

☞ **PISTE DE TRAVAIL** : Veillez à travailler chaque gamme en montant puis en descendant. Et, comme toujours, commencez doucement puis gagnez de la vitesse progressivement au fur et à mesure que vous gagnez de l'assurance.

TRANSPOSITIONS

Dans ce livre, tous les schémas de gamme sont **transposables** : c'est-à-dire qu'ils peuvent être joués à l'identique plus haut ou plus bas sur le manche et sont donc applicables à n'importe quelle tonalité, à partir de n'importe quelle fondamentale. Pour transposer une gamme, basez-vous sur les fondamentales, représentées dans les illustrations par un point noir :

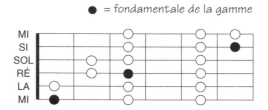

Pour déplacer un doigté, chacune de ces fondamentales peut vous servir de point de référence, mais celles situées sur les cinquième et sixième cordes constituent généralement les points de départ les plus commodes.

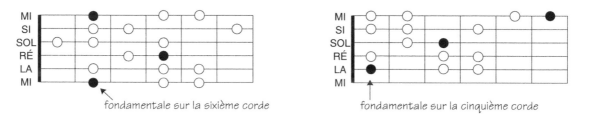

Pour amener le doigté d'une gamme dans une tonalité précise, trouvez sur le manche l'une des fondamentales de la tonalité. (La tonalité de do, par exemple, a une fondamentale de do.) Pour les autres notes de la gamme, il suffit d'appliquer le modèle – c'est-à-dire de faire glisser le doigté.

Jetez un œil sur l'exemple suivant :

Doigté Transposable d'une Gamme Majeure	Case de Départ (sur laquelle se situe la fondamentale)	Gamme Correspondante
	Case 1	Gamme de fa majeur
	Case 3	Gamme de sol majeur
	Case 6	Gamme de si♭ majeur
	Case 10	Gamme de ré majeur
	Case 12	Gamme de mi majeur

Regardez...

Utilisez le **schéma du manche de la guitare** ci-dessous, il vous aidera à localiser rapidement l'ensemble des notes comprises dans les douze premières cases. Comme il a été précisé à la page précédente, ce tableau sera particulièrement utile au début, lorsque vous commencerez à vous servir des doigtés transposables des pages suivantes.

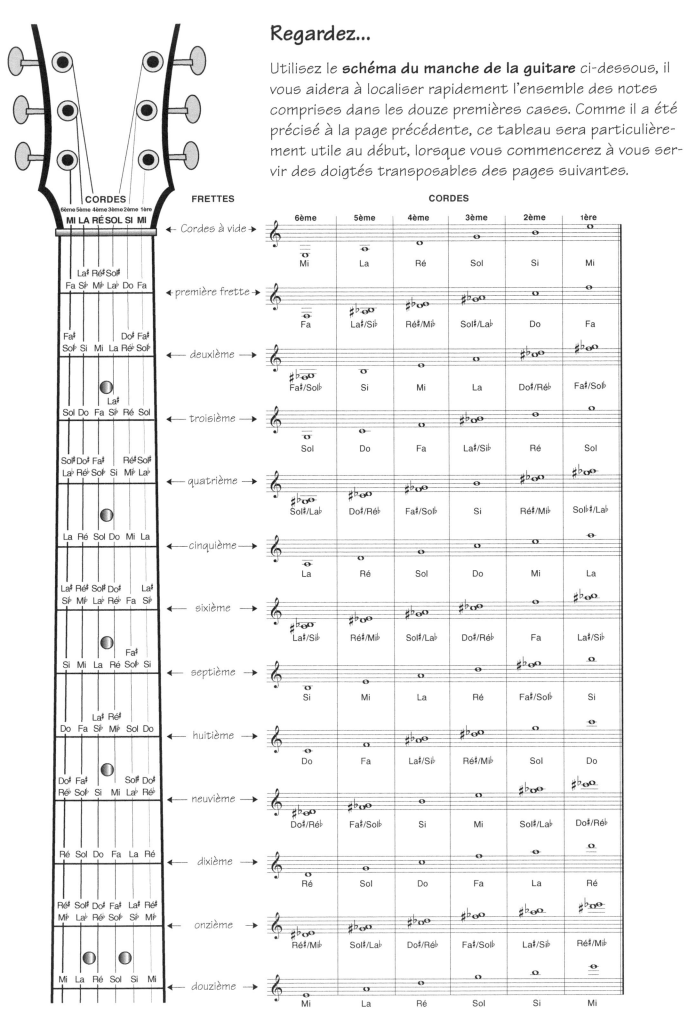

C'est à peu près tout... bonne chance !

LA GAMME MAJEURE

La plus courante des gammes utilisées en musique est la gamme majeure, alors apprenez-la bien ! Elle consiste en une série ascendante ou descendante de huit notes consécutives.

Tons :	1—1—1/2—1—1—1—1/2	*Gamme de do majeur*
Degrés :	1-2-3-4-5-6-7-1	
Notes :	do-ré-mi-fa-sol-la-si-do	

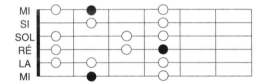

 IMPORTANT : Joués à la guitare, les schémas englobent toutes les notes de la gamme qui se trouvent sur une portion délimitée du manche. En d'autres termes, les notes de la gamme sont répétées, à différentes octaves ; on exploite ainsi le registre complet et tout le côté pratique du doigté.

Progression sur Quatre Cases

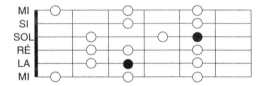

Système des 'Trois Notes Par Corde'

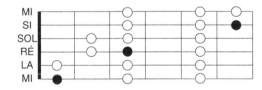 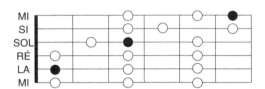

Système Horizontal

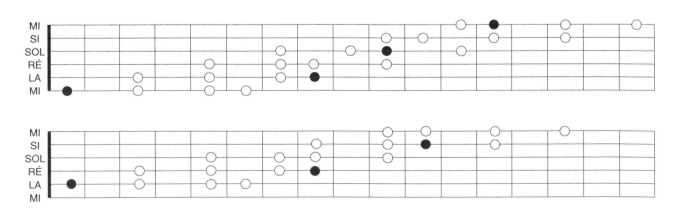

LA GAMME MINEURE

Cette gamme est utilisée dans pratiquement tous les styles de musique occidentale. Elle est parfois désignée sous les noms de "gamme mineure naturelle", "relative mineure" ou encore "mode éolien".

Tons :   1—1/2—1—1—1/2—1—1

Degrés : 1-2-3♭-4-5-6♭-7♭-1

Notes :   do-ré-mi♭-fa-sol-la♭-si♭-do

Gamme de do mineur naturel

do   ré   mi♭   fa   sol   la♭   si♭   do

Progression sur Quatre Cases

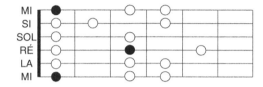

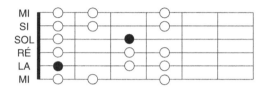

Système des 'Trois Notes Par Corde'

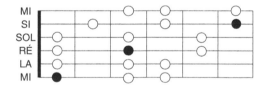

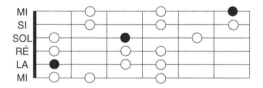

Système Horizontal

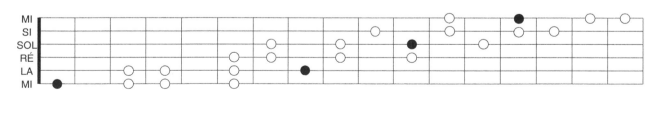

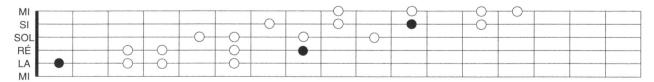

LA GAMME MINEURE HARMONIQUE

Cette gamme est un autre type de gamme mineure, une alternative très courante dans la musique classique.

Tons :   1 – 1/2 – 1 – 1 – 1/2 – 1 + 1/2 – 1/2

Degrés : 1-2-3♭-4-5-6♭-7-8

Notes : do-ré-mi♭-fa-sol-la♭-si-do

Gamme de do mineur harmonique

Progression sur Quatre Cases

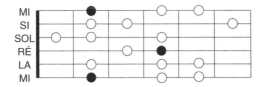

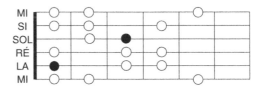

Système des 'Trois Notes Par Corde'

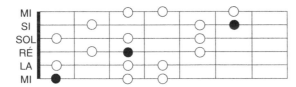

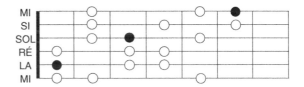

Système Horizontal

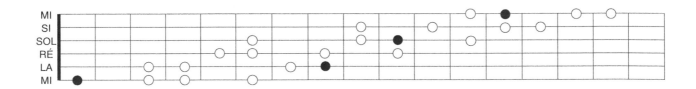

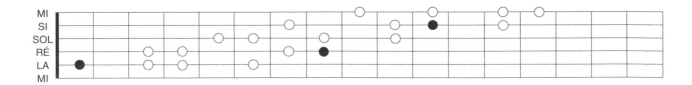

LA GAMME MINEURE MÉLODIQUE

Cette gamme peut également être employée avec des accords mineurs et est communément désignée sous le nom de gamme "mineure jazz".

Tons :   1—1/2—1—1—1—1—1/2

Degrés : 1-2-3♭-4-5-6-7-8

Notes :   do-ré-mi♭-fa-sol-la-si-do

Gamme de do mineur mélodique

Progression sur Quatre Cases

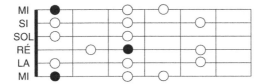
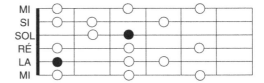

Système des 'Trois Notes Par Corde'

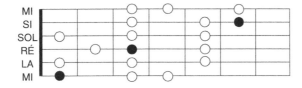
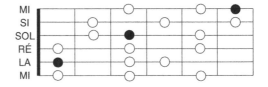

Système Horizontal

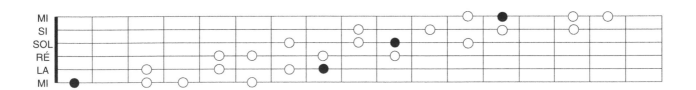

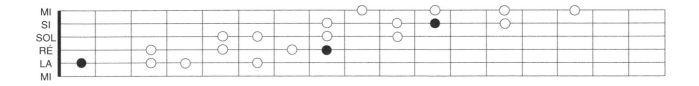

LA GAMME MINEURE PENTATONIQUE

C'est sans aucun doute la gamme la plus utilisée par les musiciens de rock et de blues. Comme le suggère son nom ("penta" signifie cinq), cette gamme ne contient que cinq notes différentes.

Tons :	1+1/2—1—1—1+1/2—1
Degrés :	1-3b-4-5-7b
Notes :	do-mib-fa-sol-sib-do

Gamme de do mineur pentatonique

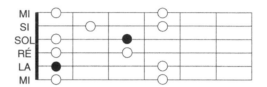

Progression sur Quatre Cases

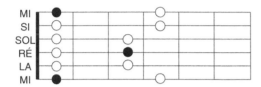

Système des 'Trois Notes Par Corde'

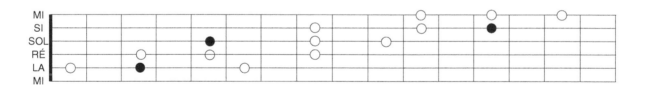

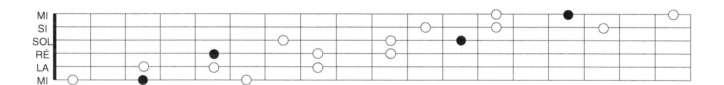

Système Horizontal

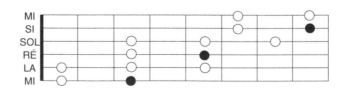

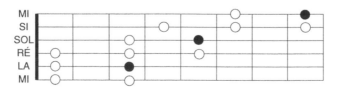

LA GAMME MAJEURE PENTATONIQUE

Voici une autre gamme de cinq notes ("pentatonique") employée fréquemment dans un grand nombre de styles musicaux. Elle se caractérise par un son "brillant" qui se prête particulièrement bien à la musique country.

Tons :   1—1—1+1/2—1—1+1/2

Degrés : 1 - 2 - 3 - 5 - 6 -1

Notes :   do-ré-mi-sol-la-do

Gamme de do majeur pentatonique

Progression sur Quatre Cases

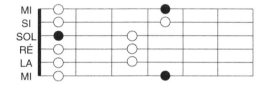 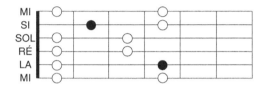

Système des 'Trois Notes Par Corde'

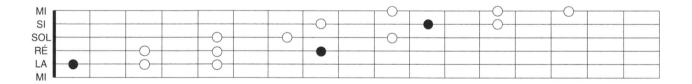

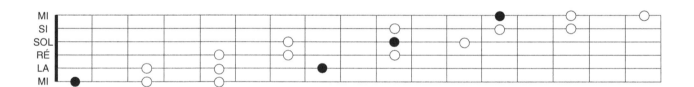

Système Horizontal

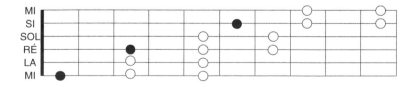

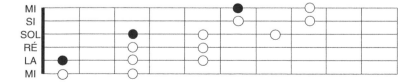

LA GAMME BLUES

La gamme blues est très répandue dans le jazz, le rock, et (vous l'avez deviné !) **le blues**. Elle contient une note de blues (5b) additionnelle, provenant de la gamme mineure pentatonique, mais ne comporte pourtant que six notes.

Tons :   1+1/2—1—1/2—1/2—1+1/2—1

Degrés : 1-3b-4-5b-5-7b-1

Notes : do-mib-fa-solb-sol-sib-do

Gamme blues en do

do   mib   fa   solb   sol   sib   do

Progression sur Quatre Cases

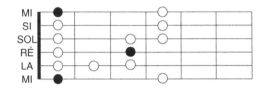
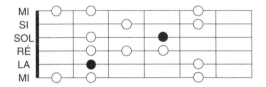

Système des 'Trois Notes Par Corde'

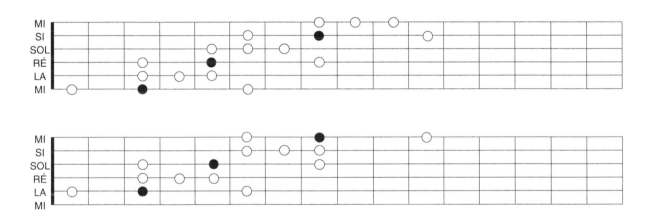

Système Horizontal

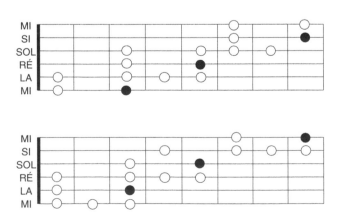

GAMME DE DO DIMINUÉE

Cette gamme est très populaire dans le jazz et le heavy metal (régler l'ampli sur 11 !).
NOTE : Il ne s'agit pas d'une faute de frappe, cette gamme comporte bien huit notes différentes.

Tons :   1—1/2—1—1/2—1—1/2—1—1/2

Degrés :   1-2-3b-4-5b-6b-6-7-8

Notes :   do-ré-mib-fa-solb-lab-la-si-do

Gamme blues en do

do ré mib fa solb lab la si do

Progression sur Quatre Cases

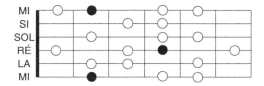

Système des 'Trois Notes Par Corde'

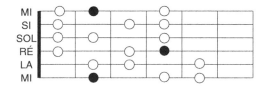 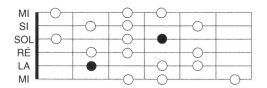

Système Horizontal

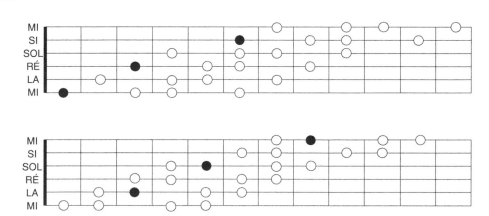

MODES

Les modes se rapprochent des gammes en cela que chacun possède une structure particulière de tons et de demi-tons. La différence est qu'il n'y a pas de lien entre un mode et la tonalité de sa fondamentale. En d'autres termes, un mode dorien construit sur la fondamentale do n'appartient pas à la tonalité de do. Les sept modes d'un usage courant dans la musique actuelle sont dérivés des sept notes de la gamme majeure :

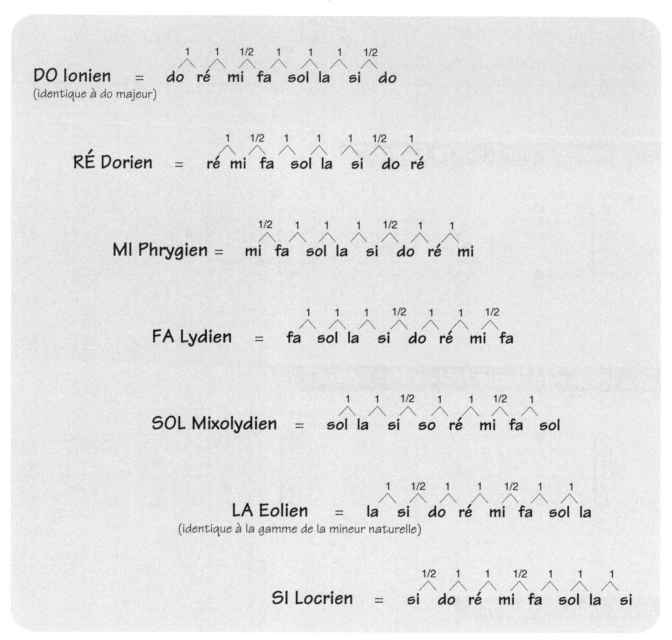

Comme vous pouvez le constater, chaque mode est effectivement une variation de la gamme majeure. Seul l'arrangement des intervalles diffère.

La page suivante vous donne deux schémas exploitables pour chacun des sept modes...

Ionien

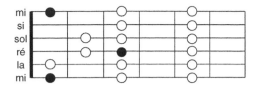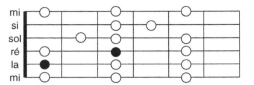

Dorien

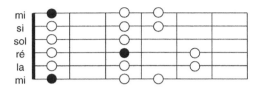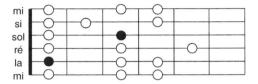

Phrygien

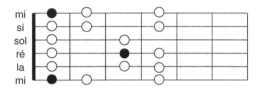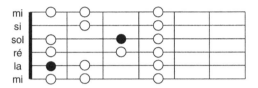

Lydien

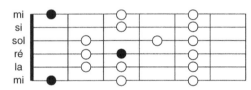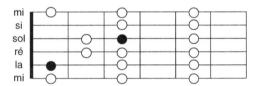

Mixolydien

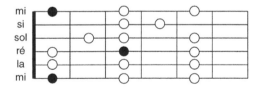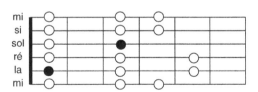

Eolien

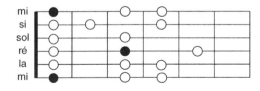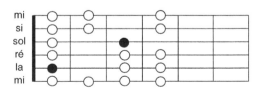

Locrien

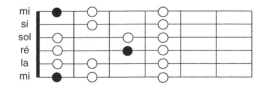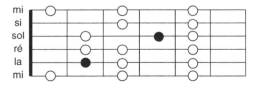

JAM SESSION

JAM SESSION
A partir de maintenant, faites payer les entrées...

Maintenant il est temps d'utiliser les accords et les gammes tirés du livre et de jouer de la **vraie musique** ! Cette partie du livre propose 20 suites d'accords représentant des styles musicaux variés. Jouez avec l'accompagnement du audio. Vous pouvez soit vous concentrer sur les accords et les jouer comme partie rythmique, soit utiliser les gammes suggérées pour vous entraîner à l'improvisation.

Quel que soit votre choix, attrapez votre gratte et faites un boeuf !

> BREF RAPPEL : Les icônes audio qui accompagnent chaque exemple correspondent aux numéros des plages du audio.

1 ◆ Heavenly Ballad

suggestion de gammes : sol majeur, sol majeur pentatonique, mi mineur pentatonique

```
    G              D              C              D    jouer huit fois  G
||: / / / / | / / / / | / / / / | / / / / :||  ◇  ||
```

2 ◆ Medium Rock

suggestion de gammes : mi mineur, mi mineur pentatonique

```
    Em             D              C                   jouer huit fois  Em
||: / / / / | / / / / | / / / / | / / / / :||  ◇  ||
```

3 ◆ Wall of Fame

suggestion de gammes : ré mineur, ré mineur pentatonique, gamme blues en ré

```
    Dm                    A5  C5  Dm
                          jouer huit fois
||: / / / / | / / / / :||  ◇  ||
```

4 ◆ Wild and Crazy

suggestion de gamme : gamme blues en la

```
    A5      D5      E5    D5        A5
                  jouer huit fois
||: / / / / | / / / / :||  ◇  ||
```

⑤ Full Deck Shuffle

suggestion de gammes : gamme blues en mi, mi mineur pentatonique

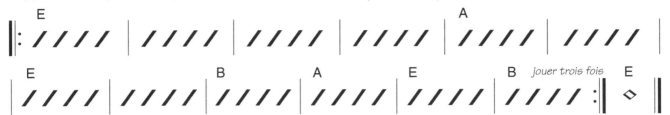

⑥ Generic Pop

suggestion de gammes : do majeur, do majeur pentatonique

⑦ Funky Feeling

suggestion de gammes : gamme blues en mi, mi mineur pentatonique

⑧ Don't Stop

suggestion de gammes : sol majeur, sol majeur pentatonique

⑨ Smooth Jazz

suggestion de gammes : fa majeur, fa majeur pentatonique

⑩ Overtime

suggestion de gammes : gamme blues en do, do mineur pentatonique

Ne vous arrêtez pas en si bon chemin ! Tournez la page...

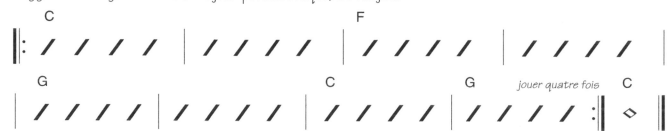

11 Nashville Dreamin'

suggestion de gammes : do majeur pentatonique, do majeur

12 Heavy Rock

suggestion de gammes : mi dorien, mi mineur pentatonique

13 Alley Cat

suggestion de gammes : (trois premières mesures) : la mineur, la mineur pentatonique
suggestion de gamme : (quatrième mesure) : la mineur harmonique

14 Fusion

suggestion de gammes : do phrygien, do mineur pentatonique

15 South of the Border

suggestions de gammes : gamme blues en sol, sol mineur, sol mineur pentatonique, sol mineur harmonique

16 Scare Us

suggestion de gammes : sib lydien, la mineur pentatonique

B♭maj7(♭5)   Am   Gm   Am   Bmaj7(♭5)

jouer huit fois

17 Swing It!

suggestion de gammes : do ionien, do majeur

Dm7   G7   Cmaj7   *jouer huit fois*

18 Metal Mix

suggestion de gammes : fa# éolien, fa# mineur pentatonique

F♯m   D   E   F♯m

jouer huit fois

19 Rock 'n' Roll

suggestion de gammes : ré majeur, ré majeur pentatonique

D   Bm   Em   A   D

jouer huit fois

20 Outta Here

suggestion de gammes : mi mixolydien, mi majeur pentatonique

E   D   A   E

jouer huit fois

Bravo ! Vous êtes devenu un guitariste de classe internationale...